三性合一、自我界限、關係本質、目標牽引……
從焦慮到覺醒，理清自我關係，真正認識並愛上自己

趙育嫻 著

## 改變生命層次的五大關鍵
# 自我實現心理學

◎經常為金錢而感到焦慮不安？
◎曾受過傷害，再也不敢走入深度關係？
◎一直努力工作，卻依舊感到毫無價值感？
◎沉浸於低落情緒中，心中滿是質疑與茫然？

你有沒有問過自己：「我是否真的快樂？」

你是否深陷痛苦，努力掙扎，卻找不到出路？
快追尋生命之流，擁抱內心力量，點亮自我實現的光芒！

# 目 錄

## 序言

## 前言

## 第一章　生命是一場自我實現之旅

016　第一節
　　　更高的生命層次：看看活在生命的哪個層次裡

025　第二節
　　　三性合一的生命高度：看重什麼，就活出什麼

037　第三節
　　　你是你自己：所有關係都是自我關係的投射

049　第四節
　　　邊界：自我界限決定了對真我的愛

060　第五節
　　　改變的前提：達到自我實現的覺醒

## 第二章　自問：我和關係的關係好嗎

068　第一節
問心：關係面前，我是誰

078　第二節
關係的本質：關係的基礎是自我誠實

089　第三節
釐清關係中的需求：看清自己所愛

098　第四節
關係的真相：最美的關係是成就彼此

106　第五節
好的關係：在任何關係中你都有選擇權

## 第三章　掌握財富密碼，和金錢做朋友

116　第一節
匱乏的內在：你渴望變得富有嗎

127　第二節
找到制約我們變富有的財富瓶頸

137　第三節
金錢具有流動性：吸引更多的金錢湧向你

147　第四節
對金錢說「是」：做自己喜歡的工作和事情

## 第四章　獲取健康的關鍵：保持溝通通暢

158　第一節
　　　身心健康的第一步，在於接納自己的身體

168　第二節
　　　愛的顯現：100 次的自我肯定換來 1 次無條件的愛

176　第三節
　　　全然接納：由內而外地接納自己

182　第四節
　　　全然綻放：我的身體值得全然的健康

189　第五節
　　　身體對話：跟身體部位對話，產生深度連結

## 第五章　自我實現：做個自由且富足的人

198　第一節
　　　先有堅定的內在人格，才有綻放的生命力

209　第二節
　　　打破限制：發現並擊碎限制性信念

218　第三節
　　　目標牽引：確立成長座標，激發自我實現追求

目錄

| | |
|---|---|
| 227 | 第四節<br>在內外建立起獨屬於自己的自然循環系統 |
| 235 | 第五節<br>越活越富足:輕鬆創造想要的結果 |

**後記**

# 序言

在無盡的宇宙中，每一個生命都是一顆璀璨的星辰，而你，正是那顆獨特、耀眼的星。

生命，是一場自我實現的修行。它既有波瀾壯闊的旅程，也有寧靜如水的瞬間。然而，這一切的變遷與流轉，都掌握在你的手中。你，是這場修行的主角，是命運的編織者。

翻開這本書，如同開啟一扇通往內心世界的大門。在這裡，你將學會如何開啟覺知，全然地接納自己，無論是光明還是陰暗。因為你知道，只有接納完整的自己，才能釋放出內在最真實、最強大的力量。

在自我實現的道路上，你將遇見各種關係，它們如同鏡子，映照出你內心的渴望與恐懼。但請記住，所有的關係都是自我關係的投射。當你理清自我關係，真正認識並愛上自己時，你會發現，那些曾經困擾你的關係，都將變得和諧而美好。

同時，你也將學會如何與金錢、與健康、與自我實現和諧共處。你會明白，金錢並非萬能的，但它可以是你實現夢想的助力；健康並非遙不可及，只要你願意與身體對話，傾

序言

聽它的聲音；而自我實現，則是每個人內心深處最真摯的追求。

　　最終，當你踏上自我實現的巔峰，你會發現，你不僅是美好本身，更是自己命運的主宰。你將擁有無盡的智慧與力量，去創造你想要的世界，去成為你想成為的自己。

　　願這本書能成為你自我實現道路上的明燈，指引你前行。願你在其中找到答案，找到力量，找到真正的自我。

# 前言

　　你是否正沉浸於低落的情緒中，心中滿是質疑與茫然？你是否曾在一段關係中遭受誤解、疏遠，甚至背叛，再也不敢走入深度關係中？你是否經常為金錢而焦慮不安？你是否一直努力工作，心裡卻依舊覺得空虛，毫無價值感？你是否深陷痛苦，努力掙扎，卻找不到出路？你是否努力尋找著自己的目標與意義，卻總在徘徊與猶豫中浪費時間？你是否經常被負面情緒所困擾？你是否經常感到焦慮、憤怒、悲傷？……

　　在經歷了近 20 年的心理學實踐教學以及成千上萬的個案諮商後，我對人的成長的心理過程有了很多心得體會，於是我潛心把這些內容記錄下來，結整合書。這是一本具有實用性及經驗性的心理學讀物。我希望讀過這本書的每一個人都能在這趟僅有一次的人生旅途中發現真實的自己，愛上真實的自己，在愛自己和世界的過程中享受生命、享受一切。

　　在現實中，我們總會不小心陷入困境，諸如，出現人際關係、金錢的困擾，或身體健康等方面的問題，並且可能在其中陷入焦慮、憂鬱等情緒當中。我希望能用這些年累積的經驗幫助你走出困境，更加專注於自己的人生。

前言

　　在生命的旅途中，我們逐漸披上了成熟的外衣，卻也承載了更多的思慮。我們時常小心翼翼地斟酌言辭，生怕無意間的話語會刺痛他人的心；我們深情地牽掛，擔憂著家人的笑顏與孩子的幸福，這份深情厚意無可挑剔。然而，在這份無私的關懷之中，我們往往會在不經意間遺忘了自我，忘記停下腳步，溫柔地詢問自己：「我是否也在這紛繁複雜的世界裡，找到了自己的快樂與安寧？」

　　在生活中，我們習慣扮演那個默默付出的角色，即便心中偶有委屈，也總以「他們開心就好」當成自我安慰的藉口。親愛的，請你在關愛他人的同時，也不要忘記給予自己一份同樣的關懷與溫柔，問問自己：「我是否真的快樂？」這樣的自省，不僅是對自我的尊重與愛護，更是聰明地把握自己人生航向的重要一步。因為，只有當我們自己內心充實、快樂洋溢時，我們才擁有照亮他人的能力。

　　當我們了解到生命的層次和高度，理解了關係的真諦，我們便能使自己的行為界限逐漸清晰，從而迎來自我實現的覺醒。這種覺醒，就像一束照亮前路的明燈，讓我們在茫茫人海中，找到屬於自己的道路。

　　人際關係不但是生命旅程中不可或缺的一環，更是生命能量的集散地。要駕馭這份複雜而微妙的力量，我們需要能夠洞悉關係的基石，即自我誠實。

自我誠實，是構築一切健康關係的起點。它要求我們以一顆坦誠無欺的心面對自己，勇於揭露內心的真實面貌，無論是喜悅還是憂傷，都不加掩飾。擁有穩定而積極的情緒狀態，成為自己情緒的主人，我們才能以更加飽滿的情緒和真誠的態度去對待他人。

　　我們要謹記，對於能夠賦予我們力量的關係，可以好好發展下去，而對於想要斬斷我們翅膀的關係，我們需要對自己負起責任，拉自己一把，讓自己飛出這段關係。最美的關係並不是束縛，而是成就彼此，看著彼此走向人生的最高峰，看著彼此走向圓滿。

　　如果你也懷抱著對財富的嚮往與追求，本書將是你人生旅途中一位不可或缺的夥伴。金錢是保障我們美好生活的基礎，對一個人來講，擁有財富是非常正常的想法。有人覺得喜歡金錢是非常庸俗的事情，其實並不是這樣的，我們需要摒棄對金錢的偏見與刻板印象，超越內心對金錢的「隱形枷鎖」，學會以平和之心駕馭這份渴望。當你能夠以積極、健康的心態去追尋財富時，你不僅能夠激發自身潛能，更能在不經意間吸引更多的財富與機遇。記住，真正的富有，不僅僅是物質上的充裕，更是心靈深處那份因自我實現而產生的滿足與喜悅。

　　身體，作為生命的基石，是我們通往幸福與成功的起

## 前言

點。生命旅程的第一步,始於自我接納 —— 全然地、無條件地擁抱我們的身體。我們應當以溫柔的目光審視自己,用愛的甘霖滋養每一寸肌膚。當這份深切的自我愛戴生根發芽,我們的身體自然而然地會調整至最佳狀態,病痛與不適便在愛的光芒下悄然退散。

更進一步,我們學會與身體進行一場場靜謐而深刻的對話,傾聽它細微地呼吸,感受它無聲地訴說,洞悉它深層的渴望與需求。透過建立這樣一種深刻而親密的連結,我們不僅能夠更容易理解自己,而且身體也被賦予信任與尊重,會在愛與關懷的滋養下,綻放出前所未有的生命光彩。

當這一系列的自我關懷與成長達到了一種和諧共生的平衡狀態時,我們已站在了新的人生高度,眼前展開的是通往更高境界的道路 —— 自我實現。這不僅是個人潛能的極致挖掘,更是對生命價值的深刻詮釋與追求。只要找準自己的目標,發揮我們所累積的力量,我們的愛自會牽引著我們向前。

在這個過程中,我們會越活越輕鬆,越活越富足,我們想要的結果也會如約而至。在整本書中,我反覆提到要愛自己、接納自己,因為自己是一切的中心。我們一定要相信,每一個自己都是人際關係的中心:你是財富的中心,你的財富為你流轉;你是健康的中心,只有你才能決定你身體的健

康。所以，當你愛自己，堅定於自己時，你就擁有了無窮的力量，這個力量會助你完成夢想，幫你實現所期望的一切。

　　自我實現之旅，其精髓深深根植於「人」這一獨特而寶貴的生命體之中，恰似一粒蘊含無限生機的傑克魔豆，這顆種子，深埋於心田，蘊藏著破土而出的磅礡力量。這顆種子的力量，正是我們每個人內心深處那股未被完全喚醒的潛能。它提醒我們，每個人都有能力成為自己想成為的人，讓我們珍視並呵護心中的那顆「希望的種子」。相信終有一天，它會帶領我們走向自我實現，在人生的旅途中綻放出耀眼的光芒，最終活出不受外界定義、純粹而璀璨的自己，讓我們的生命之花在自我實現的陽光下，綻放出耀眼的光彩。

前言

# 第一章
## 生命是一場自我實現之旅

生命是一場自我實現的旅途,我們就像羽翼健碩的鳥兒,不斷地飛向更高的層級,尋求生命更本真的價值,至此身心潛能得到充分發揮,歲月愜意而自在。

第一章　生命是一場自我實現之旅

# 第一節　更高的生命層次：
看看活在生命的哪個層次裡

在這個世界上，每個人都是獨一無二的存在。我們之所以對生命有著不同的理解和體會，就在於我們處於不同的生命層次。

## 一、不同的人會處於不同的生命層次

在這個世界上，每個人都是獨一無二的存在。我們各自有著不同的生活方式、夢想和追求。有些人可能整日為生活中的小問題所困擾，有些人則熱衷於追逐錢權名利，還有一些人，他們在尋找著更深層次的生命意義和價值。這些截然不同的生活態度和追求，源於我們對生命的不同理解和體會，當我們處於不同的生命層次的時候，對於如何去看待一件事情，會有著不同的觀點。

正所謂「橫看成嶺側成峰，遠近高低各不同」。在〈題西林壁〉這首詩中，蘇軾從遠處、近處、高處、低處等不同角度觀察廬山面貌得到了不同的觀感：有時看到的是起伏連綿的山嶺，有時看到的是高聳入雲的山峰。這兩句詩詞形象地寫出了從不同的角度去看廬山，廬山就會呈現出不同的風

## 第一節　更高的生命層次：看看活在生命的哪個層次裡

景。同樣的道理，生命在不同人的眼中也會呈現出不同的風景，是什麼決定了每個人看到的風景呢？是生命層次。

**你活在生命的哪個層次？**

這些年來，透過對生命意義和價值的思考，我認為生命是可以劃分成幾個層次的，這些層次分為：問題層次、事件層次、遊戲層次和自然規律層次。這些層次並不是孤立存在，而是相互交織、相互影響。這些生命層次不僅決定了我們的關注點和生活重心，更深層地影響著我們的價值觀和人生目標。下面我一一來給大家解釋：

### 1. 第一個層次：問題層次

問題層次其實是大多數人最容易停留的層次。在這個層次中，人們主要的關注點在於解決問題。當一個人過多地關注外在的問題，忽視了個體內在的需求和潛力，就無法將問

第一章　生命是一場自我實現之旅

題與需求結合起來,從而導致在解決問題時無從下手。我們要學會面對問題,不要把問題當作問題,不要陷入由問題帶來的無窮的負面情緒中,這樣才不會折磨自己,才不會陷入無盡的痛苦中無法自拔。

很多人容易讓自己陷入問題層次無法自拔,會覺得自己的問題很真實,無可逃避。就像當初我面臨幾百萬元的負債,為了還錢,四處借錢,已經借到無人可借了。三家銀行的人同時上門催債,我陷入了深深的恐懼和焦慮中。面對家人和朋友,我自責又內疚,在他們面前抬不起頭來。對自己的前途無望,對當下又很無力,影響了身體健康,憋得喘不過氣。

## 2. 第二個層次:事件層次

在這個層次中,人們能夠處理生活中的事件,不會過度糾結或消耗自己的能量。他們能夠理性地看待生活中的挑戰和機遇,不會讓這些事情影響內在的平靜和能量。

我的負債的減少是從我決定用各種方式進行清理開始的。我每天至少散步兩個小時,無論刮風下雨、打雷閃電。散步清理了很多垃圾情緒。清理一段時間後,我開始從問題層次進入事件層次,我的負債就不過是一件事情而已。此時,我去面對這件事情時,想到的就是我欠了誰的錢、欠了

第一節　更高的生命層次：看看活在生命的哪個層次裡

多少，我是否還有賺錢的能力，我開始逐一去面對。我列了詳細的欠債清單，並逐一打電話給債主，向他們說明我當下的情況，承諾正在努力還帳，絕不會逃避。當欠債只是一件事情而不是一個問題的時候，這件事情就會自然地向前推動，我也逐漸找回了自己。

## 3. 第三個層次：遊戲層次

在這個層次中，人們能夠以平常心態看待生活，不把事情看得太嚴肅，保持輕鬆和好玩的態度。他們更加靈活，能夠看到事物的不同角度，而不是只看到問題或困難，更能夠體會生活中的樂趣和滿足感。

當我們來到遊戲層面，再往上走的時候，就會知道，地球非常有趣，我們就像一群在月球上嬉戲的孩子，這是多麼快樂的事情啊。這樣，就會有一種遊戲的狀態。現在我經營著幾家公司，純粹是為了好玩，就好像是在建構一個王國。在這個世界裡面有很多的國王，每個部門就像一個個獨立的王國，部門主管就像國王一樣擁有管理自己部門的權力。在這個過程中，大家都會不斷地接觸到很多新鮮的人事物，就像蓋積木一樣充滿了可能性，非常好玩。我選擇案件也好，做公司也罷，真的就是看是否好玩。我覺得真正地允許自己處於一種「玩」的狀態的時候，就會發現做事情會非常輕鬆。

 第一章　生命是一場自我實現之旅

## 4. 第四個層次：自然規律層次

　　這是最高層次的境界。進入這個層次後，個體超越了低層次的執著和控制，轉而信任並跟隨自然規律的指引，不再受限於狹隘的自我觀念或外部控制，會感受到一種更深層次的自由、和平。這種境界需要個體具有高度的內在平靜、信任和自我覺察，才能跟隨自然規律並受其引導。

　　當我們時刻把自己放在呼吸的背後，願意放手讓更大的真我的力量去開路，我們就會發現生活中沒有什麼是必須緊緊抓住的。曾經我們覺得要抓住一份安全感，要抓住一份控制權，要抓住一份自己的獨特性，等等。此時，都不會再處於緊緊抓住、害怕失去的狀態。

　　我經常去世界各地旅行，無論去哪裡，都非常順利。我感受到我是被好運包圍著的。

　　我曾經帶學員去攀登高山看湖泊，我聽說那個季節去上去要不是封山，就是被雲霧覆蓋什麼都看不到。我當時有點猶豫，但轉念一想，即使被雲霧遮蓋，也會看到不一樣的風景。可是，當我和學員登上山頂後，天空颳起了大風，湖泊的雲霧被吹散了。我們得以看到美麗的高山湖泊風景。

　　生命的四個層次之間存在一種漸進和發展的關係。問題層次是生命的第一個層次，處於這個階段，生命個體主要關注外在的問題和挑戰，解決這些問題可以為更高層次的發展

## 第一節　更高的生命層次：看看活在生命的哪個層次裡

提供必要的條件和資源。當人們從問題層次進入到事件層次時，他們開始更加關注和處理生活中的事件，這不僅包括挑戰和困難，還包括機遇和成長。這種轉變有助於人們累積更多的經驗和資源，為更高層次的發展提供支持。遊戲層次達到了一種更加靈活和開放的態度，使人們的心態更平和，這種態度不僅有助於人們好好地應對變化和挑戰，還能享受到更多生活的樂趣。自然規律層次作為最高層次的境界，處於這個層級的生命個體可以更完整地認識自己，發掘內在的潛能。

不同的人有不同的經歷和感知，不同的人會處於不同的生命層次。有些人可能主要停留在問題層次，關注生活中不斷出現的問題和挑戰；有些人可能已經發展到事件層次，能夠處理生活中的事件，更加從容地面對生活的起伏；有些人可能已經達到遊戲層次，能夠以輕鬆、靈活的態度看待生活，享受其中的樂趣；有些人可能已經達到了自然規律層次，能夠順應自然規律，放下執著，與自然規律建立深厚的連結。

我有一個朋友，現在是一家上市公司的老闆，創業時面臨過鉅額的負債。那時候他身邊所有能借的錢都借遍了，最後還欠了幾家地下錢莊的錢。過年的時候，追債的人追到他的父母家討債，面對父母、太太、朋友，他覺得自己抬不起頭來。

## 第一章　生命是一場自我實現之旅

這個月的錢還不出來,下個月更大的還款壓力又席捲而來。他能夠感受到家人、朋友對他的指指點點。每天面對鉅額的債務壓力,工作又毫無進展,自我價值感被碾壓到如同塵埃,甚至很多次他想乾脆死了算了,死了就解脫了,死了就沒有這麼多問題了。

一個深夜,他站在陽臺上向樓下眺望,左思右想覺得自己不能死,太太始終陪著自己,無怨無悔,兒子還年幼,父母卻已年邁,自己死了,家人怎麼辦?他從被各種恐懼、擔心、焦慮包裹著的問題層次回到現實,回到事件層次。他覺得,眼前的事情,無非就是負債而已。欠債還錢,天經地義。於是,他決定面對這件事情,不再逃避。

他逐項釐清究竟欠了多少錢,欠了誰,然後列出了表單。面對欠款表單,他鬆了一口氣:不過就是幾百萬元嘛。他開始行動,研究了手上的資源後,開始推銷電話卡,做了一段時間,慢慢有了一些利潤後,他又開始做通訊耗材。就這樣,他做到了在事件層面上去面對。採取動作後不到兩年的時間,他不僅還清了幾百萬元的負債,而且達成了正向資產超過千萬的願景。

我們中的一部分人可能對自己的現狀不太滿意,但不知道如何去改變,不由自主地陷入了鑽牛角尖當中,影響了自己的成長和發展。這個時候,要了解自己的生命層次。了解

第一節　更高的生命層次：看看活在生命的哪個層次裡

自己處於哪個生命層次，有助於個人更完整地認識自己、發掘內在潛能。

## 二、了解自己所處生命層次的意義

了解自己處於哪個生命層次有利於個人的成長和發展。透過理解自己的思維模式、行為習慣和內在潛能，人們可以更完整地認識自己、理解自己、發展自己。

### 1. 生命層次決定個體的思維模式和行為習慣

在不同生命層次中，人們對待生活的方式和態度也會不同。透過了解自己的生命層次，可以更加清晰地認識自己的價值觀、信仰和行為模式，從而更容易理解自己的需求和動機。

### 2. 了解生命層次有助於個人發掘內在的潛能

每個生命層次都有其獨特的優點和潛力，透過了解自己的生命層次，人們可以更加有針對性地發掘自己的潛在能力。例如，在遊戲層次中，人們可以發揮創造力、靈活性和幽默感，將生活變得更加有趣；在自然規律層次中，人們可以培養內在的平靜、信任和自我覺察，與外界建立更好的連結。

第一章 生命是一場自我實現之旅

## 3. 可以幫助個人理解自己的生命意義和目的

人們透過了解自己的生命層次,可以更加深入地探索自己的內心世界,實現自己所追尋的內心的自由和平靜。

總之,了解和發展自己的生命層次,認清自己想要什麼,能幫助我們跳脫出眼前的限制,內心更加和諧,擁有更大的創造力。

開啟覺知,全然敞開自己,朝向自己想要的一切。那麼,生命中不想要的、不讓自己感到享受的事物就會自然而然地被清理掉,讓自己感到享受的事物的比例會自然增加,生命就會產生翻轉。這一切都是在輕鬆不費力的狀態下自然發生和生長出來的。

> **有效練習**
>
> 每天清晨起來,原地跳 50 下,其中有 10 下是腳後跟著地,去感受身體的細胞彼此間相互激盪的感覺。

## 第二節 三性合一的生命高度：看重什麼，就活出什麼

當一個人擁有了能讓自己的精力、效率和情緒完全進行正循環的系統，就進入了心流狀態，這個時候，人的三性合一，清楚自己想要什麼，能跳出關係和信念的束縛，發揮主動性和創造性，更能在做利他的事情時感受到幸福。

### 一、忘我而和諧的心流狀態

我的很多學員都有過這樣的回饋，他們參加了心靈成長的實體課後，再回到生活、工作中，似乎像是變了一個人。在實體課有很多清理及揚升的環節，在實體課的互動中，他們往往突破了內在小我對自己的認知，清理了頭腦中的評判和掙扎，甚至有的學員可以跳脫出「我是誰」的問題，來到一個更高的時間線，對生命有了更廣闊的認知。當實體課結束後再次回到熟悉的工作、生活中，就會進入一種忘我的狀態，似乎效率也大幅提升了，和身邊人的關係也變得更加和諧。這種旺盛積極的狀態就是我想和大家分享的 —— 心流狀態。

第一章　生命是一場自我實現之旅

什麼是心流狀態？

努力，可以帶來短期的收益，但難以帶來持久的勝利。我覺得苦行僧式的自律生活是反人性的。一個人想要過著不自我糾結的富足生活，就必須擁有一個能讓自己的精力、效率和情緒完全正循環的系統。這個系統就是我們所說的生命之流。

在講生命之流之前，我們先談談心流。心流是由著名的積極心理學家米哈里‧契克森米哈伊（Mihaly Csikszentmihalyi）提出的，他發現很多人在做自己感興趣的事情時呈現出的是全神貫注的狀態，這些人甚至忘卻了時間，忘卻了自己身處何地，完全沉浸於自己正在做的事情。他將這種將個人精神力完全投注到某種活動上的感覺稱為心流（Flow）。比如，演奏家演奏時，作家潛心創作時，都可能會進入這種狀態。這種心流狀態，是一種流動的狀態。

在自我實現心理學體系中，我們把心流放大，讓它從一條小河流變成大江大海，整個人完全處於這種生命之流當中。它是一種跳脫出來的，有更強的全觀性的狀態。生命之流，就是我們一直在強調的，從線性的思維和生活狀態來到一個全像生活狀態當中。它是持續的、穩定的、洶湧的、更新的、全像的心流狀態。

有的學員說，曾經覺得自己的工作都是一些機械性勞

第二節 三性合一的生命高度：看重什麼，就活出什麼

動，每次和上司一起開會時都生怕自己說錯話或者做錯事。在進行我的實體課學習，沉醉於心流狀態後，自己自然而然地有了勇氣和信心，在工作會議上勇於提出自己的觀點，工作中少了很多恐懼、擔心和限制，工作效率大幅提升。

## 二、生命之流狀態，具有三大典型特徵

如何判斷自己是否進入生命之流狀態？了解生命之流狀態的三大典型特徵，有利於我們追求人生更高的境界。

### 1. 完全專注，時間消失

心流狀態下，一個人的注意力會完全集中在當下做的這件事上，沒有任何分心。比如當你正在思考一件事情時，朋友叫了你好幾遍你都沒有聽見，直到他戳了你一下你才回過神來，你突然發現自己思考這件事時不知不覺已經過去 2 個小時了。時間的分秒流逝，在你沉浸於此的時候，彷彿停止了一樣。

當人處在生命之流的狀態的時候，是跳出時間線的，跳出現在和未來，跳出我是誰、我不是誰，跳出角色身分的認同，這個時候，人彷彿是在宇宙星系上看地球這個藍色星球一樣，身心處於當下的流動狀態中。

第一章　生命是一場自我實現之旅

你看中什麼，就活出什麼

## 2. 心腦一致，自我消失

你有沒有過這樣的經驗，總感覺腦海中有一個自我評判的聲音，揮之不去。每當你要做決策、表現自己時，它就跳出來。比如，當你遇到一個從來沒有遇到過的挑戰時，你就會想：「不要吧，我不行啊，這該怎麼辦呢？」

但是，當你進入了生命之流狀態後，你會從這種自我限制中跳脫出來，進入一種靈活的狀態，彷彿在無限的灑脫和自由裡馳騁一樣。你會感受到一種「靈感來了，擋都擋不住」的感覺。

當個體進入生命之流狀態後，不僅會有突破性的發揮，而且還會有舉重若輕的感覺，這就是進入生命之流狀態的表現。這時候，自我並沒有消失，而是對自我有了更廣闊的認

知，會突然間發現原來的自我並不能代表真正的我，會突然醒悟，原來自我比自己感知到的要大上許多！我們可以發現微小的自我，也可以發現更浩瀚的自我。

3. 情緒正向，體會到強烈滿足感

很多來參加我的課程的學員，常常會有這樣的自我評價：「我的生活太痛苦了」、「我鑽牛角尖狀態太嚴重了」、「我快要透支了」。長期處於精神自我消耗狀態的人會感到很累，做事情有一種力不從心的感覺。這些人雖然很努力，但是很少進入心流狀態，更別提享受生命之流狀態了。生命之流的感受能為我們的身心能量進行充電，讓人沉浸在喜悅之中，帶給人強烈的滿足感。

如果我們能夠一天進入一次心流狀態，或許我們萌發的創造力和體會到的幸福感就足以平衡一天的負面刺激。

如果我們能夠透過訓練自己，進入一種積極、正向的生活模式，讓自己持續地進入生命之流狀態，那會是多麼美好的一件事！

## 三、生命性決定你的生活模式

生命有三種特性，活在不同生命特性的人會有不同的生活模式。生命的三種特性分別是：動物性、人性和道德性。

 第一章　生命是一場自我實現之旅

很多人並不了解這三種特性，或者即使了解，也不敢面對它們，只有勇敢地面對它們，才能跳脫出外界的限制，擁有更大的創造力。

## 1. 第一種生命特性：動物性

動物性是對人身體的滿足。

人是從動物進化而來的，不僅在身體外形上進化到與動物完全有別，在心智層面也進化到動物無法達到的高度。儘管如此，人依舊保留著動物的很多本能，比如競爭意識、主權、生存、緊迫反應、快感、貪婪、慾望、占有慾，這都是動物性的一面。

動物性有正向和負向兩個方面。為生存而戰，有很強的行動力就屬於正向的方面。不衛生、沉浸於當下的物質滿足就屬於負向的方面。動物性讓人有清晰的生活目標，但常常表現為不達目的誓不罷休。當自我利益與他人利益相衝突時，人會優先考慮自己。

活在動物性層次的人是被欲望驅動的，更執著於自我。

但我們每個人都生活在既定的社會框架下，既受到法律保護也要接受規則的限制，很多欲望無法得到滿足，人類的動物性受到限制，這就導致一些人會因此陷入負面情緒中，常常感到憤怒、委屈、痛苦等。

## 2. 第二種生命特性：人性

人性是人對心理的滿足。

人是社會性動物，天生具有歸屬於某個群體的需求。相對於活在動物性層次的人而言，活在人性層次的人，更注重與周圍人的連結、互動。所以，活在這個生命層次的人，能看到自己，也能觀照到別人，能呵護自己的多種社會關係，也願意為了維護關係去平衡自我與他人的需求。

趨吉避凶是人的本能，追求安全，追求好的結果，都是我們的本能。我們不要去對抗這個本能，而是要看見它、運用它、超越它，努力去做一個能夠自我實現的人。

## 3. 第三種生命特性：道德性

道德性是人精神上的滿足。

有一部分人，甚至可以說，我們人類中有很少一部分人是活在道德性這一生命層次的。活在動物性層次的人，更在意自己；活在人性層次的人，更在意關係；活在道德性層次的人，更在意整體。活在道德性層次的人能夠擺脫動物性和人性的束縛，而從更長的時間線和更大的空間來看待生命本身。他們會關注人為什麼而來？人又去往何方？渺小的自己與大大的世界之間有怎樣的連結？自己能夠為人類以及人類文明做些什麼？

 第一章 生命是一場自我實現之旅

道德性的核心是給予，他們甚至不那麼關心自己的命運，而更關心人類的命運，為了他人甘願犧牲自己，願意為世間帶來自己的愛和溫暖。很多犧牲自己救他人於水火的人，就具有崇高的道德性。

對於我們這一個個生活在人世間的生命體，最好的狀態就是活出動物性、人性、道德性的三性合一。藉助自己的動物性，我們能清楚自己想要什麼；藉助人性，我們能清醒跳出關係和信念的束縛，發揮更大的主動性和創造性；藉助道德性，我們能夠在做利他的事情時感受幸福。

當我們能夠活出這樣的狀態的時候，我們就能頻繁地進入生命之流的狀態。而這時，生命的每一秒都那麼美好，自我存在的每一分都那麼有意義。

我的一個學員曾分享了自己的一段經歷，因為先生無法滿足她的性需求，在一次外出時情不自禁做出了出軌行為。第二天，她陷入了深深的內疚中，還有一些糾結，一方面覺得自己是迫不得已，情有可原；另一方面覺得自己背叛了丈夫，犯了錯。痛定思痛後，她最終向丈夫坦白了。她沒有想到，她的先生非但沒有選擇跟她離婚，反而反思了自己的行為。從此，夫妻關係越來越好，不僅有雲雨之歡，更有情感和精神的交流與支持。

這個學員對於性的需求就是很正常的動物性需求，是真

## 第二節　三性合一的生命高度：看重什麼，就活出什麼

實而坦然的，她並沒有因此壓抑自己的需求，或者是用限制性的信念去評判自己的需求。這種動物性的本能促使她去尋找解決辦法。當行為發生後，面對先生，她選擇了坦誠交流。雖然事先想到了先生知道後會大發雷霆或者用離婚要挾等，但是她覺得既然是夫妻，真誠相待最重要。

如今，我的這位學員家庭美滿，夫妻之間達成了身體的溝通、言語的溝通、情感的溝通，他們活出了內外在的合一，成了大家的榜樣。每個人都有自己的生命腳本，他人的生活方式對於我們只是一個參考，但是這種動物性、人性、道德性三性合一的狀態是我們每個人都可以追求和能夠實現的。

## 四、如何活出三性合一的狀態

我們每個人都既有動物性，又有人性，還有道德性，如何使得三性合一，活出有心流、有花火的生命狀態，既滿足自己，又利於他人，是我們每個人的追求。

### 1. 土壤：對本能保持覺知

覺知對應的是動物性領域。動物性即我們人格中的本我部分，包含著人的各種原始慾望，比如，性慾望、吃的慾望、安全感需求、攻擊的慾望、競爭的慾望。

第一章　生命是一場自我實現之旅

動物性的本能其實是缺乏覺知的，很容易出現「我要教訓你，現在就要」的衝動，這就是沒有覺知的體現。我們需要在人的本能出現時，有覺知地問自己：「為什麼我現在要教訓對方？為什麼我的競爭性的本能會出現？」這樣才能避免在衝動情緒下做出不理性的行為。對於本能，就是需要有一個覺知來看清當下自己的狀態。所以，在動物性中，要遵循的是「覺知原則」。

一個人要時時刻刻覺知自己，覺知自己真正想要的是什麼，才可以快樂地工作和生活。如果自己熱愛美食，或許成為一個美食家是很正確的職業選擇；如果自己的攻擊慾望很強，總想要壓制對方、反駁對方，或許有潛力成為一個談判家或者律師。

當一個人覺知到了什麼是自己的最愛時，就利用自己的動物性的本能力量，去充分利用慾望的積極驅動力，大膽往前走吧。

## 2. 找準方向：選擇和平和喜悅

對於人性這部分，永遠要以和平喜悅為原則，它像是一個導航，指引人生航向。在人性的這個部分，如果一個人開始去算計，他就掉進了交易之中，進入頭腦的算計的層面，這裡面沒有和平和喜悅。

## 第二節 三性合一的生命高度：看重什麼，就活出什麼

和平是土壤，喜悅是向上的生長環境。

我有個學員因為親子關係出現了問題來上我的課，她抱怨自己的女兒根本不聽她的話。女兒讀大學選填志願的時候，她想要女兒學金融相關科系，但女兒偷偷填報了法律系。於是她希望從我這裡找到一些安慰和支持。我說：「恭喜妳，擁有一個清楚自己人生方向的女兒。妳應該謝謝妳的女兒，她沒有因為妳的阻止而放棄自己喜歡的目標。妳應該為她高興。」

很多人跟這個媽媽一樣，他們或許根本不清楚金融科系和法律科系的區別，就聽信他人的話，覺得金融科系更適合女孩子，以後能賺大錢。透過比較和算計，他們想去操控女兒的志願，想把女兒的未來職業道路牢牢地掌握在自己的手裡，導致他們吵得不可開交。這個時候，已經偏離了和平和喜悅的原則，需要自我反省，自己是不是偏離了自己的航向，是不是越界了？我要做什麼才能回到和平和喜悅之中呢？

### 3. 心動原則：找到你的生命火花

和平是土壤，喜悅是向上生長的環境。而生長的方向，就是心動原則：即找到你的生命火花，這也是道德性的追求。每個人完成自己的人生使命，其指引方向就是心動的原則。

## 第一章　生命是一場自我實現之旅

生活中常常可以看到一些人，他們做事情專心致志到忘我，比如，沉浸在演奏中的鋼琴家、醉心於實驗的科學家等。這個火花就是那個不斷地指引著我們朝向自己的線索。

「生命中最重要的事情是，你的想法是什麼。」有些時候我們會因為動物性、人性而陷入糾結和拉扯中，但是我們可以讓自己進入心流狀態，激發自己的創造力，形成樂觀正向的生活模式，達到道德性的人生狀態，充分綻放屬於自己的煙火！

> **有效練習**
>
> 生命有三種特性，擁有不同生命特性的人會有不同的生活模式，反思你的關於三種生命特性的故事，以及你將要做出的改變。

# 第三節　你是你自己：所有關係都是自我關係的投射

　　柏拉圖（Plato）說：「認識自己，就是最大的智慧。」認識自己，不僅是對自己性格和想法的了解，也是對自己身分的理解，是對自己和自己、自己和他人、自己和社會的關係的認同感。這一切的基礎，是準確認識和處理好自己與自己的關係。

## 一、自我關係：所有的關係都是自我關係

　　所有的關係都是自我關係。梳理好自己與自己的關係，就能迎來和他人的好的關係。

### 1. 自我關係改變，親子關係改變

　　我的一名學員，她的孩子讀國一時成績很差，國三升學的時候，竟然考上了明星高中。孩子進步這麼大，當然離不開孩子以及家人的努力，在這裡我重點談談媽媽的做法，看看她是怎麼成長和轉變的。

　　孩子讀國一時，沉迷於手機和電玩遊戲，作息大亂，也

第一章　生命是一場自我實現之旅

不願意跟家長溝通，成績一落千丈。媽媽十分憤怒，好好的孩子怎麼會變成這樣呢？不能打，不能罵，說也不聽，媽媽焦慮至極，深感絕望。

這時，媽媽想到，要解決孩子的問題，大人要先做起榜樣。她決定改變自己，她對自己每天的生活做了規劃，跟隨我們線上課程的進度，每天按時聽課、做作業、做呼吸法，清理並調整內在能量。

**自我界限決定了你對真我的愛**

經過一段時間的自我清理，她看到了自己慣性模式的問題，也理解了孩子越是有問題、有偏差，越是需要大人愛的包容。孩子是在透過這樣的方式呼喚愛。於是，她試著去理解和包容孩子，她聯合全家人去發現孩子的任何細微進步，並及時給予嘉許和肯定，哪怕只是一個小進步，也會用愛的話語給予讚賞。她打電話給老師：「孩子的底子有點弱，我們

### 第三節　你是你自己：所有關係都是自我關係的投射

全家都在努力，鼓勵他的每一點進步，要多麻煩老師，在學校裡也能多給他一些肯定。」老師欣然答應，不斷地去鼓勵孩子。

當她不再以愛的名義去控制孩子、改變孩子，而是不帶期待地接納與尊重孩子時，孩子自己開始做出了改變。讀國二時，孩子的成績開始有所提升。國三時，孩子讀書更加主動，並徵求媽媽意見請了一對一家教，課業有了更顯著的進步，之後順利考上當地明星高中。在高中，他的課業更加如魚得水，每個學期都捧回幾張獎狀。此時，孩子和媽媽早就成了無話不談的知己，他們互相陪伴，彼此成長。

面對孩子的消極表現，這位媽媽要改變孩子，她將切入點選擇為改變自我關係，獲得了成功。

### 2. 釐清什麼是自我關係

我們外在世界不夠自在，是因為內在有一些受限的層面，在我的實體課程「自在豐盛」裡曾經講過，影響自在的六個因素：身體、能量、慣性、信念、行為認知、環境。

身體層次表現為身體僵硬、無法大笑，身體緊縮、害怕犯錯；能量層次表現為無助無力，情緒化；慣性層次表現為無法做出行動，時機還不成熟；信念層次表現為自我否定，我不可以，我做不到，我不能；行為認知層次表現為交易型

第一章　生命是一場自我實現之旅

人生模型:「我得……,才可以……」;環境層次表現為因為他人,為了他人,認為人生就是這樣。

什麼是自我關係?

自我關係是指一個人和自己的關係。透過自我關係,人們能夠了解自己的內在感受和情緒,對自己的行為和決策進行自我評價和反思。

一方面,自我關係強調個體自我表徵與他人表徵之間的差異性,能夠幫助個體區分自己與他人的差別,產生自我 —— 他人區分,使得個體具有將自己和他人的行為、知覺、感覺和情緒的表徵區分開來的能力。另一方面,自我關係也強調個體自己表徵與他人表徵之間的相似性。這些相似的表徵是拉近個體與他人之間關係的關鍵因素,表明個體對自己和對他人的整體認知是相似的,即「這個人和我很像」,這種相似進一步地使個體感知到自己和他人變得更加親密。

## 二、投射:我們看到的不是他人,是自己

當我們不認同他人的行為的時候,有沒有自問,我們自己也是這樣的嗎?這裡涉及一個很重要的心理現象:投射。「我們看到的不是他人,而是自己。」威爾・羅吉斯(Will Rogers)說。即我們在面對他人時,往往會在他們身上看到自己的影子。

## 第三節　你是你自己：所有關係都是自我關係的投射

### 1. 什麼是投射

投射是指個體將自己的情感、慾望、恐懼等內在感受，透過認知的方式，賦予外部世界或他人的心理現象，如個體的人際交往、情感感受、認知過程等。

投射的理論最早可以追溯到佛洛伊德（Sigmund Freud）的理論體系，他認為個體投射是一種防禦機制，是個體為了避免內在矛盾和焦慮，將自己的情感轉移到外部世界或他人身上的一種自我保護行為。

投射的機制可以分為兩種，一種是直接投射，即個體直接將自己的情感和經驗賦予外部世界或他人的行為和心理狀態；另一種是間接投射，即個體透過一些符號、象徵物等間接地表達自己的情感和經驗，比如在文學作品、音樂、藝術品中表現出來的情感。

我的一個學員分享了她覺察自己內在投射卑微的一段經歷。

她生完寶寶後，需要有人照顧寶寶以及打理日常家務，當時住在鄉下的二姊恰巧有時間，於是就請二姊來家裡幫忙。一段時間後，她覺得二姊似乎不再扮演姊姊的角色，而是處於一個保母的身分。家裡買了什麼水果，二姊從來都不吃。每次做完飯，都要等著其他人吃完，才去吃一點。

第一章　生命是一場自我實現之旅

「我心中冒出憤怒的火焰，我也不知道這股憤怒的無名之火是從哪裡來的。」這個學員說，「每次看到二姊唯唯諾諾顯得很卑微的樣子，我就很生氣。我不願意看到她這個樣子。」突然，她意識到，引發她憤怒的並不是二姊，而是她自己，她的內在住著一個卑微的小女孩。她曾經覺得自己出生在鄉下地方，沒有見識，來到大城市看到任何東西都覺得很新奇但是又充滿距離感。她不喜歡這樣卑微的自己，當她看到二姊卑微的樣子時，實際上是看到了不被自己接納的自己。而事實上，二姊可能並沒有這種感受。

當然，這位學員透過看見自己的投射，療癒了內在卑微的自己，也對二姊的行為有了很大的改觀。她再次見到二姊的時候，總是能夠感受到那份滿滿的愛。

在上述案例中，這位學員因此看到了內在卑微的自己。外在世界的創造源於我們內在的因，我們看到什麼，這個世界就會呈現什麼。

## 2. 所有的關係都是自我關係的投射

事實上，「自我」與「他人」的關係從本質上來說是不存在的，因為關係的本質是自己與自己的內在關係，也就是自我關係，人只有處理好自己與自己的關係之後才能處理與其他外在的關係。

## 第三節　你是你自己：所有關係都是自我關係的投射

因此，所有關係都可以視為自我關係的投射。人在與他人的互動中，往往將自己的內在感受、思想和期望投射到對方身上。這種投射並不僅限於個人與他人的關係，還包括個人與自己、與環境等所有層面的關係。

當我們與他人互動時，我們往往會將自身的需求、動機和情感投射到對方身上。這種投射有時會導致我們誤解對方的意圖和感受，從而產生衝突和分歧。因此，在建立關係時，我們需要意識到自己的投射，並努力理解對方的真實感受和需求。此外，人們也常常將內在的恐懼、不安和期望投射到環境中。例如，當我們面對自然災害、宇宙現象或未知的領域時，可能會產生不安、恐懼或敬畏等情緒反應。這些感受其實是我們內在的恐懼和期望的投射，而不是外在事物的本質。

人們總是習慣性地以為「關係」需要建立在「自我」與「他人」之間，否則，就不存在關係。而實際上，真正的我他關係根本不存在，有的只是自己和自己的關係，這是一種內部關係。因此，當你覺知到自己在某段關係上有障礙時，不要再在對方身上下功夫，而是要思考自己的需求與情感，在自己身上找原因。關注並處理自己的內在，才真正是在處理關係問題。

我的光行者課程的一名學員，她和爸爸、先生一起經營

## 第一章　生命是一場自我實現之旅

家族企業，企業營運狀況比較混亂，為了拯救企業，在公司入不敷出時，她憑自己的人脈去借錢，跟銀行借、跟朋友借、跟融資公司借，債務越來越多，將近億元。那時候，她內心非常恐慌，和家人的關係也很糟糕、很冷淡。

在收聽我們的線上課程時，她聽到一句話：自我實現心理學不是生活中的安慰劑，而是要把它變成生活中最真實的存在。這句話猶如一道光點亮了她的生活，她開始將課程中的所學，在生活中實踐。每天做呼吸法、散步、跑步，她要求自己從負面的恐懼、擔心、焦慮中轉身，勇敢面對鉅額債務。

很多時候，使我們陷入混亂的不是他人，不是環境，而是我們自己，那些舊有的慣性和意識，會在你毫無覺知時，限制你的人生。但是當你看到的一瞬間，一切便會土崩瓦解。她當下做了一個決定，要按照課程中所學的，堅決堵住財富黑暗能量的出入口，不再因為公司狀況向外借一分錢。

當然，她的決定也遭到了父親的質疑：「妳身為公司財務負責人，公司沒有現金流的時候，妳都不去想辦法，妳這是要看著公司倒閉嗎？」面對父親的質疑，她溫和而篤定地說：「我會盡我所有的努力去改變現狀，但是絕對不會借錢來補漏洞。」

她堅決地對生命說「是」，向小我說「不」，她的內心越來越篤定，面對鉅額負債也沒有了曾經的那份恐懼，這個時

第三節　你是你自己：所有關係都是自我關係的投射

候，內在的力量開始回歸。當很多同行都陷入了被動經營的困境中，她的公司各個專案如期開展，結算和付款狀況都比她預期的來得更好，一年內 9,000 多萬元如期到帳。

　　一切都是人的內在投射到外在的「相」，但因為那「外相」顯得太真實，我們不知道自己所看到的世界其實是自己的內在。所以，當問題出現時，我們習慣在眼前的幻影上狠狠地下功夫、費盡心思、耗盡力氣，想搞清楚問題到底在哪裡，但因為方向反了，沒有找到準心，導致用功用錯了地方。我們理應回到自己的內在，在源頭上用力，內在改變，外相改變，否則在外相上再努力也成效不彰，只因為沒有觸及問題的根本。

## 三、如何釐清自我關係

　　健康、財富和關係上的挑戰更像是生活中的「緊急按鈕」，在我們最不設防的時候突然被按下，迫使我們不得不重新審視自己和生活。這些挑戰雖然痛苦，但也是我們成長的催化劑，推動我們回歸內心，找回那個最真實、最純粹的自己。

### 1. 成為什麼樣的自己，是自我選擇的結果

　　我有一名學員，30 歲之前，一直因為自己的容貌不夠漂亮而活在自卑中，而現在她儼然把自己活成了「仙女」，不僅

## 第一章　生命是一場自我實現之旅

膚況、身材讓人羨慕，而且充滿活力和陽光。

她從小就長得很胖，童年、青春期、青年期都處於一種虎背熊腰的矮胖子狀態，長大後她非常自卑，覺得身邊人都在討論她的胖。她曾經也透過節食、吃減肥藥等方式減肥，但是卻一再反彈，身體健康也受到了影響。她情緒也不穩定，像個不定時炸彈，一點就著。隨著年齡的成長，她到了談婚論嫁的年齡，但她連相親的勇氣都沒有。她喜歡一個人待著，不願意面對父母，也不敢暢想未來的人生。

來到自我實現心理學系統後，她第一次知道了還有「愛自己」這回事，她第一次聽到線上課我對大家的問候語說，「你是那麼美、那麼好，當然值得這個世界對你溫柔以待，當然值得一切豐盛富足向你而來」。

她告訴我，第一次聽到這句話的時候，渾身都起了雞皮疙瘩，她從來都不覺得自己美，所以聽到這樣真誠的問候時她是抗拒的。但是漸漸地，她也願意開始嘗試看到自己的美好。她每天跟隨課程做清晨感恩冥想，做呼吸法，跟隨 108 句自我肯定語句進行自我鼓勵，如今她已經堅持 1,000 多天了。

有人問她為什麼如此自律？她說，我沒有刻意要自律，只是因為在一聲聲的自我肯定中，真的看到自己越來越美好。就這樣，跟隨每天的早晚課程，努力運動、堅持學習、

## 第三節 你是你自己：所有關係都是自我關係的投射

持續分享，一切的美好都如約而至。她保持著 88 斤的體重，一改曾經的虎背熊腰，成了夢想中的窈窕淑女。她心情愉悅，容貌也發生了很大改變，眉眼間透著喜悅。

如果我們不斷向內看，就像剝洋蔥一樣，把那些不真實的部分剝離，就能逐漸發現真實的美麗的自己。

### 2. 我們都要選擇愛自己

在這個世界上，每個人都是獨一無二的，擁有自己獨特的思想、情感和經歷。我們的每一個瞬間、每一個選擇都構成了我們獨特的生命軌跡。我們應該意識到，我們所擁有的一切，都得由我們自己去做選擇。我們的身體、我們的聲音、我們的希望、我們的夢想、我們的情緒、我們所有的感受 ── 無論是關乎別人還是自己，我們擁有自己所有的勝利與成功、所有的失敗與錯誤。因為我們擁有全部的自我，因此能更熟悉自己，也能更加地愛自己，並友善地對待自己的每一個部分。雖然可能還有某些困惑和不了解的地方，但是只要我們友善地愛自己，就可以陪伴自己去尋求途徑來解決這些困惑，同時會更多地認識自己，發現自己的每一種可能性。

當我們覺察到自己如何去看、去聽、去說和去做，就能夠捨棄掉一些不適合自己的部分，保留自己想要的部分，並

第一章　生命是一場自我實現之旅

能夠再創造一些新的部分來取代捨棄掉的部分。我們擁有自己，因此能駕馭自己。

因為我是我自己，所以我是最好的。

> **有效練習**
>
> 　　生命中還有哪些自己「不要」的，透過這些「不要」，看到自己的「要」到底是什麼。

# 第四節　邊界：
## 自我界限決定了對真我的愛

人人都需要邊界，包括地理空間界限、心理空間界限等。有了界限，我們就能避免在權利、權益、關係等方面浪費時間和精力，而將更多的關注點放在自己熱愛的事情上。

### 一、自我界限：幫助我們活出強大的自我

有的人會擔心界限分明會顯得過於冷漠，界限的本質絕不是冷漠和疏遠，真正的界限充滿溫度、充滿尊重與信任，會讓人在守護自己的同時，也做到了尊重他人，使得每個人都生活得更有力量。

恰當的自我界限是愛護真我的關鍵。一個人擁有恰當的自我界限，在了解、表達和維護自己的邊界的過程中，可以保護和照顧自己的內心世界，從而更加真誠地愛自己。

在探討自我界限與對真我的愛的關係時，首先要弄清楚我界限的定義。

心理學家埃里希・佛洛姆（Erich Fromm）說：「界限是我們自我保護的一種方式，也是我們成長和發展的基礎。」自

第一章　生命是一場自我實現之旅

我界限是指個體在心理和情感上形成的自我邊界，是對自己與周圍世界的區分，它代表了個體對自我身分的認知，以及個體對自己與他人的界限感。這種界限的存在，讓我們能夠明確自己的感受、想法和需求，同時也讓我們能夠理解他人的感受、想法和需求。

## 1. 明確的自我界限有助於我們形成清晰的身分認同

明確的自我界限有助於我們形成清晰的身分認同。身分認同是一個人對自己身分的認知和確認，包括對個人身分、價值觀、喜好和目標的明確認知。

這種認知可以讓我們在複雜的社會環境中明確自己的定位，並為自己的行為和決策提供指導。當我們有明確的自我界限時，就能夠更容易理解自己的內心世界，知道自己是誰，了解自己的特點、優點和不足之處。

明確的自我界限有助於一個人在社交場合堅守自己的價值觀和喜好，避免因為外界的影響而迷失自我。當一個人能夠堅守自己的價值觀和喜好時，他更容易在社交中展現出自信和魅力，能夠更從容地應對他人，為自己贏得更多的尊重和認可。

第四節　邊界：自我界限決定了對真我的愛

## 2. 自我界限能保護我們免受他人的操控或侵犯

當一個人被他人操控或者侵犯時，會非常生氣，為了奪回自己的主權，會竭力反抗或者訴諸法律。

工作中有很多「濫好人」，他們積極地幫助他人跑東跑西，以至於被同事過度依賴，影響了自己的工作，這就是沒有設定和維護好自我界限導致的結果。

但是，當我們對自己有清晰的認知，確立了自己的價值觀、喜好和目標時，我們就能夠更好地判斷他人的言論和行為是否可以融入自己的系統，自己是否願意融入他人的系統。當他人試圖操控或侵犯我們的情感的時候，我們就能夠採取相應的行動來保護自己。

這種自我保護的能力不僅能夠確保我們的情感安全，還能夠增強我們的自信心和自尊心。當我們相信自己，堅守自己的自我界限時，我們就更容易在人際交往中保持獨立和自主，不受他人的影響和控制。

## 3. 清晰的自我界限能使我們做出正確決策，不受他人影響

清晰的自我界限讓我們更容易能夠做出正確的決策，而不是盲目地跟隨他人或受外部環境的影響，違背自己的意願。這種能力對於個人的成長和發展至關重要。

## 第一章　生命是一場自我實現之旅

在複雜多變的社會環境中，我們經常面臨各種選擇和決策。正確的決策能幫助我們實現目標，並在這個過程中保持獨立和自主。

小嬰兒的自我界限非常清晰和敏感，你去跟他打招呼，他不一定會理會你，他會面無表情地上下打量你。如果他覺得你很好玩或者很友善，就會跟你互動；如果他感到不安全或者不舒服，他就會馬上轉頭或者哭鬧。

我記得我見到一位老師的二兒子，當時他只有三個月大。小孩子很好玩也很乖巧，他媽媽把他遞過來給我抱抱。我沒有馬上抱過來，而是向他移動了一下身體，問他：「我可以抱你嗎？」他本來面無表情地看著我，看著看著突然就笑了。我知道我可以抱他，我就輕輕地撫摸了一下他的手，說：「我好喜歡你啊。」過了一會，他的表情又變嚴肅了。他媽媽說他今天有點睏，可能該睡覺了。我知道，他雖然接受我，但是現在不是最佳時機，我就用臉在他的手上蹭一蹭，告訴他我很愛他。

在接觸小男孩的整個過程中，我竭力尊重界限。

當我們自己非常注重界限與人交往時，不會隨意越界，別人當然也不會輕易越界，這樣，界限清晰，彼此不越界，做事情就會少些阻礙。

第四節　邊界：自我界限決定了對真我的愛

4. 自我界限有助於我們活出真我

真我指的是我們內在的真實、純淨的自我，是我們最深處的感受和需求。當我們能夠清晰地認知並尊重自我界限時，我們能真正地聽見真我的聲音，理解真我的需求，從而給予真我更多的愛。

一名心理學家說：「界限是你為自己畫的邊界，讓你在世界上感到安全和尊重。」我們應該更清晰地知道自己想要什麼、不想要什麼；活出內在完滿的狀態，不斷更新，內在清明，在信守承諾中，達到自我和諧。在清晰的自我界限中，我們更能接納自己的不完美和脆弱，更能專注於自己的成長，減少社會性的比較，增強自尊和自信。

## 二、如何建立和維護自我界限

你不喜歡的是什麼？讓你感覺不好的東西是什麼？面對自己不喜歡、讓自己感覺不好的人或事的時候，你是怎麼做的？作家喬丹‧貝爾福特（Jordan Belfort）說：「學會說『不』，是你給自己的一份禮物。」

我們需要知道自己的界限，知道自己不要什麼，勇敢說「不」。這個「不」是一種溫柔的堅定，當你清楚自己不要什麼，能夠對別人說「不」，也不抗拒他人的反應，你就變得更加篤定。沒有辦法說「不」的人，總是在肯定別人的觀點，在

## 第一章　生命是一場自我實現之旅

這種情況下，大家都不知道你的底線、邊界在哪裡，你也會因為界限模糊，力量也跟著搖擺不定。

我們應該透過「不要」，看到自己的「要」，並看清自己的界限。對於「要」與「不要」的東西，我們應該以一種不妥協也不抗拒的態度來面對，清理掉所有「不要」中的證明和情緒，有些情緒裡也有很多的憤怒。今天我們把「不要」中的情緒清理掉，然後看到自己「要」的部分。

### 1. 尊重動物性邊界

每個人都有自己的動物性，動物性代表著我們的本能和原始能量。這種動物性的邊界是我們內在力量的一種表現，可能表現為對事物的強烈欲望，對挑戰的勇敢面對，對困難的頑強抵抗，等等。然而，是否允許自己釋放這種能量，或者說是否願意「拔出寶刀，橫刀一揮斬斷糾纏」，很大程度上取決於個人的自我認知和自我接納程度。如果一個人能夠全面、真實地看待自己，包括自己的優點、缺點、弱點和力量，那麼他可能會更加坦然地面對和運用這種動物性能量。

反之，如果一個人對自己的認知存有偏差，或者對自己的某些方面感到羞恥或恐懼，那麼他可能會抑制這種動物性能量的釋放。這種情況下，人們可能因為要避免衝突而過於克制自己，或者過於忍讓，導致自己的權益受損。

## 第四節　邊界：自我界限決定了對真我的愛

在珠珠的宿舍裡，有同學經常用她的化妝品，她覺得這樣不好，但又不好意思拒絕，為此陷入了苦惱當中。

當界限受到侵犯時，最佳策略是什麼？不妥協，允許自己釋放動物性能量，直接拒絕，如有必要，吵架、辯論等都可以。

我的公司有很多不同的部門，身為老闆，我從來不會插手每個部門同仁的工作節奏，我常常被同事們戲稱為「最懂事的董事長」。我最主要的工作就是為他們的工作成果按讚、發紅包。我知道在他們的部門，他們就是這個地盤的國王或者皇后，他們是部門的主人，部門就是他們的邊界。我尊重部門邊界，讓部門夥伴有充分的自由，有利於他們發揮創造力。

因此，我們要科學地看待和接納自己的動物性，當然，這並不是說我們可以盲目地釋放自己的情緒和衝動，而是要學會在感性和理性之間找到平衡，讓自己的內在能量成為推動我們前進的動力，而不是束縛我們的枷鎖。

### 2. 劃清生活中的界限

尊重自己的習慣，專注做自己責任範圍內的事情，不僅可以提升個人的效率，還能讓我們更加有成就感。當我們劃清自己的界限時，我們在掌控自己的生活和工作時就更得心應手，能夠更加清晰地了解到自己的能力和局限性，從而做

出更加明智的決策。

每個人都有自己的喜好、做事方式和節奏。如果我們能夠接納並尊重自己的習慣,我們就能夠發揮自己最大的潛力,同時也能減少不必要的壓力和焦慮。

在生活中,我是一個做事很慢的人,腦袋似乎總是慢半拍,曾經我也為此批判自己,也用了很多效率管理的方法來糾正自己所謂的「偏差」,也不斷地強迫激勵自己,讓自己熱血沸騰、效率倍增,把自己搞得很疲憊。我覺得我得接受自己就是這樣的性格,為了不為難自己,也不讓別人有不適感,我做了一些調整:我開始放下很多不合適的工作,刪除了很多在相處中不自在的人,出去旅遊再也不跟團,一次只做一件事情,與人合作也只和彼此欣賞的人在一起……我覺得,這樣生活舒服多了。

總之,劃清自己的界限並尊重自己的習慣,是我們在生活中達到高效率、有成就感和內心平靜的關鍵。有明確的界限,可以使得自己專注於真正熱愛和擅長的事情,我們可以發揮自己的更大的潛力,實現個人價值。

## 3. 建立空間上的界限

明確的空間界限有助於我們建立內在的平衡和安全感。當我們知道自己所處的空間是安全的,我們自己是受保護

## 第四節　邊界：自我界限決定了對真我的愛

的，我們就可以更加自由地釋放自己的能量，有效而富有創造性地去做自己的事情，而不用擔心受到外界的干擾或侵犯。

每個人都有自己的私人空間，於是就有了空間界限。無論是物理空間界限還是心理空間界限都是空間界限的一部分。物理空間界限指一個人的個人空間和他能夠接受身體接觸的程度，例如握手、擁抱、親吻等；心理空間界限是指我們清楚地知道自己和他人的責任和權力範圍，例如想法、價值觀、信念等。

比如，自我價值邊界是心理空間界限裡的很重要的一種，是內心深處對自己價值的認知和尊重，包括我們知道自己值得被愛、被尊重，有權利追求個人目標和幸福。自我價值邊界可以幫助我們抵禦外界的負面評價和壓力，更加自信地做出選擇。關係的界限是為他人制定的「規則」，自我價值邊界則是內心對自己的「信念」。

曾經一個學員來找我做深度連結，他說，以前面對生活總是垂頭喪氣，跟隨課程學習後，開始感受到了一些生機，但還是覺得缺乏熱情。我問他，生活狀態怎麼樣，他說他和另外兩個朋友合租一間房子。我建議他要有一個屬於自己的空間，為自己打造一個穩定和平的空間界限。

那次諮商後，他很快就單獨租了一間套房，雖然房屋面

## 第一章　生命是一場自我實現之旅

積小了一些,但這是獨屬於他自己的個人空間。他很認真地將房子布置成自己喜歡的樣子,有自己獨立的空間,做呼吸、做冥想、讀書、烹飪美食。在這小小的空間裡,他找到了大大的世界。在這期間,他學會了烘焙,不僅做給自己吃,還常常分享給朋友們吃。現在做烘焙已經成了他工作之餘最放鬆、最快樂的時光。

所以,維護一個完整、安全的空間對於個人的能量管理和心理健康非常重要。當我們知道自己的空間界限是明確、完整的時候,就不需要再消耗能量去抗拒和防備了。無論是物理空間還是心理空間,一個完整、安全的空間有助於我們快速恢復能量,充分發揮自己的潛力。

### 4. 劃清金錢上的界限

金錢上的界限,是指不在腦中評判是錢重要、情重要,還是別人的評價重要,最重要的是自己內在的完整性。

在金錢方面,我主張不借錢給任何人。如果一定要借給別人,就要做好送給對方的準備。既然自己願意付出,就不會要對方任何回報,我覺得當我付出的那一刻,就已經是在愛之中了,對我來說這件事情就已經完結了、圓滿了。不過,我不會向人借錢,如果是需要借錢才能完成的事情,那我就不做了。對我來說,這是非常清楚的規矩,不會因為人

## 第四節　邊界：自我界限決定了對真我的愛

情而去勉強自己。

生活中還有一種情況，比如，幾個朋友合夥做生意，沒有明確的權責利益區分，創業的時候大家都很講義氣，誰多付出一點，誰少得到一點都不會計較。當生意做大了，賺錢了，紛爭或者糾葛就來了，有的合夥人會在心裡暗道不公平，甚至鬧得分道揚鑣。

金錢界限清晰就不會出現權責利益越界的情況，更不會造成情緒和能量上的消耗，能夠確保自己和他人都不受傷害。

> **有效練習**
>
> 1. 建立和維護自我界限。
> 2. 看到生命中有哪些「不要」，這些「不要」背後的情緒是什麼，我選擇用什麼方法去清理這些情緒？

第一章　生命是一場自我實現之旅

## 第五節　改變的前提：
## 　　　　達到自我實現的覺醒

　　奧黛麗・赫本（Audrey Hepburn）說：「美麗不在於衣服的外表，而是從內在發出的光輝。」自我實現的路就是回家的路，十多年間，我看到很多人渴望改變卻在原地踏步，他們有的還停留在感覺層面，有的在情緒中打轉，好幾年都走不出來。要想打破這個僵局，徹底走出這種狀態，需要覺醒的力量。

### 一、讓自己擁有覺醒的力量

　　當眼前的光明裡突然有了自己，自己的心中突然有了方向，這一刻，我們覺醒了。覺醒需要力量，覺醒的人是有力量的人。什麼樣的力量能夠讓一個人覺醒，什麼樣的力量能夠讓一個人在前進的路上恍然大悟呢？

#### 1. 我們都會有不期而遇的覺醒

　　20歲出頭歲時，我開始創業，曾與朋友合住在當地湖邊的一間房子裡。有一天，我回去看到桌子上有本蔡志忠先生的《石磊集》，翻開的第一頁上寫著這樣一首小詩：

## 第五節　改變的前提：達到自我實現的覺醒

倘若我是種子一粒，

我不願是粒麥穗，粉碎了自己，僅夠餵飽自家的兒女。

倘若我是種子一粒，我不願是棵大麻，提供給人的，

只是短暫的幻象天堂。

倘若我是種子一粒，我不願是粒罌粟，

身含毒素殘害他人的子弟。

倘若我是種子一粒，我願是顆傑克魔豆，

讓我種下後迅速萌芽，讓我的枝幹直擊蒼穹，

讓世人可以藉由攀緣我的枝幹抵達天堂。

看到這首詩的那一刻，我有一種被電擊的感覺：今生，我的核心價值就是要成為一顆傑克魔豆，自己長得好好的，還可以像鑽石一樣，把光折射出去，影響和帶動大家。從小到大我都希望上天賜予我智慧和勇氣，指引我走出迷惘，活出自己的價值。

每天有事情做不代表覺醒，每天努力也不代表覺醒，真正的覺醒是一種發自內心的渴望，立足長遠，保持耐心，運用認知的力量，擷取光陰的饋贈。

### 2. 認識什麼是覺醒的力量

第一，覺醒的力量指的是一種內在的覺知和智慧，它能夠讓我們看清事物的真相，不要等到未來，也不要一直處在

第一章　生命是一場自我實現之旅

未完成的狀態。

第二，覺醒的力量是清晰地知道自己到底要什麼。而現實中大多數人並不清楚自己到底要什麼。

當頭腦中開始有這樣的思想時已經是一個好的開始了，我們要從身體、意識、能量、情緒，甚至在信念系統裡把它整合起來，達成合一的狀態，才可以真正發揮覺醒力量的作用。

有學者說，我們活在這個世界上，身體是醒著的，但是那些最根本、最本質的東西常常處於一種沉睡的狀態。我很贊同這句話，因為我們經常被一些社會性的東西所遮蔽雙眼，如財富、權力、名聲等。我們當然可以去爭取物質上的富足，但是保持精神上的清醒需要我們的生命處於覺醒狀態。每個人都是一種精神的存在，每個人身上都有一個更高境界的大我，保持大我的覺醒就是保持靈魂的覺醒。

## 二、促進自我實現的覺醒的方法

要成為自我實現的人，就不能讓思想沉睡，要真切地去體會當下的自己的狀態、潛能、理想。

### 1. 及時做出反思和內省

「吾日三省吾身」，反思和內省是促進自我實現的覺醒的關鍵步驟。透過定期進行反思和內省，我們可以思考自己的

第五節　改變的前提：達到自我實現的覺醒

行為、情緒和思考方式，探究自己的動機和價值觀。透過分析自己的行為和決策背後的原因，我們可以更容易理解自己的內在需求和渴望。我們還可以反思自己的缺點和不足，釐清自己的成長方向和目標。我們還可以深入了解自己的內心世界，發現自己的潛能和價值，從而實現自我成長和發展。

## 2. 設定明確的目標

設定明確且可實現的目標，並制定相應的行動計畫，成長和發展就不再盲目了。目標是行為的方向，對個體有推動作用。

第一章　生命是一場自我實現之旅

　　制定目標的時候，首先，要確保目標具體而明確，不模糊、不籠統。例如，設定一個具體的運動目標，「每週運動 3 次，每次 30 分鐘」，而不是「我要多運動」。

　　其次，這個目標可以量化或者至少能夠明確地評估。這樣才能知道何時達到了目標。目標要基於當前的狀況和資源，既不能過於簡單也不能不切實際。具有一定的挑戰性的目標能產生激勵作用，但過高的目標可能導致挫敗感。

　　最後，要為目標設定時間界限，這有助於保持對目標的聚焦感和緊迫感。

## 3. 尋求回饋和建議

　　尋求回饋和建議是一個積極的過程，可以幫助我們從不同的角度看待自己，從而更全面了解自己。這個過程有利於個體看到自己的優點和不足，促進學習和成長。透過與他人建立良好的關係，我們可以看到他人身上的亮點，看到自己想要成為的模樣，透過尋求回饋、定期回顧和總結等方法，促進自我實現的覺醒。我每次講課後，都會向我的學員或者同事詢問：我今天講得怎麼樣？哪裡講得不夠好？有哪些需要改進的？透過回饋，我懂得了如何改進和提升。同時，這樣的交談也使得我們之間的關係更加緊密。這是一個雙向提升、共同進步的過程。

第五節　改變的前提：達到自我實現的覺醒

## 三、為什麼要尋求改變

我常說：「成功不是終點，失敗不是致命的，勇往直前，永遠在路上。」失敗是人生路上另外一種形式的成功，看清這一點，任何人都能做到不因為失敗而停滯不前，而是去追求向上的改變，期望能夠透過改變過上更好的生活，實現更大的人生目標。

在成長過程中，我們會面臨各種挑戰，改變自己去適應新的形勢可以使我們更加自信，擁有更強的生存能力，使我們的思維變得更加靈活，更易應對生活中的變和不確定性。

改變可以帶來新的機會和成長，使我們的視野變得更寬廣，我們的能力變得更強大。改變是生命的本質，只有透過不斷地改變和成長，我們才能發揮個人的潛力和實現個人的價值。

## 四、自我實現的覺醒促進改變

環境無時無刻不在變化，時代帶著每一個人向前奔跑，只有意識到改變的重要性，刻意練習改變，我們才能在生活中做到隨機應變。

自我實現的覺醒是改變的前提，因為只有當我們意識到自己的潛能和價值時，才會產生改變的動力和勇氣。覺醒不

第一章　生命是一場自我實現之旅

僅促使我們審視自己的現狀，還激勵我們去追求更好的自己。自我實現的覺醒使個體更加明確自己想要改變的理由，從而更有動力去追求成長和發展；使個體更加自信和果敢，能夠勇敢地邁出改變的步伐。透過不斷地改變和成長，個體逐漸實現自己的目標和夢想，走向更加美好的未來。

人生最失敗的事情就是，一邊自我滿足，一邊又不敢做出改變。一味地在原地打轉，不僅經不起生活的考驗，也無法成就更好的自己。

最高級的覺醒，就是及時改變自己。

**有效練習**

讓我們看到我們想要過怎樣的生活，允許自己去感受生活的各個面向，感受自己有感覺的以及它在生命中呈現的方式，並記錄下來。

我想要的⋯⋯生活方式／感受突破／學習成長／旅遊休閒／家庭生活／人際社交／工作事業／理財投資／身體健康⋯⋯

# 第二章　自問：
# 我和關係的關係好嗎

「束縛我們成為自己的最大障礙,就是圍繞在關係上的迷霧」,心理學家阿德勒(Alfred Adler)曾提出,「一切煩惱皆來自人際關係」。的確,關係既能療癒我們的內心,也能讓我們陷入情緒的泥潭中。想要讓關係為我們所用,就需要了解關係的基礎,做到自我誠實。

第二章　自問：我和關係的關係好嗎

# 第一節　問心：關係面前，我是誰

「沒有人是一座孤島，可以自給自足。」每個人都是社會的一部分，扮演著不同的角色，甚至在不同程度上依賴於其他人。如果我們對周遭一切產生過度的依賴和執著，對待身邊的人和事的態度就會進入一種充滿了交換、算計、討好、維持的狀態，我們失去了自我的力量，開始產生控制和抓取。我們要正確處理自己與身邊人的關係，問問自己：我是誰？我需要什麼？我能為身邊的人做些什麼？

## 一、認識自己，成為擁有高級自我的人

賈伯斯（Steve Jobs）曾說：「如果你認真對待你的事業，你就必須認真對待你的生命。你需要找到你內心的聲音，找到你的直覺，並且隨心而動。」一個人要找到自我，認清自我，才能更加真實、準確地了解和表達自己的需求，建立更和諧、更舒適的人際關係，那麼，什麼是自我？

心理學認為，自我是個體對自己存在狀態的認知，是個體自我知覺的體系與認識自己的方式，也稱自我意識或自我概念。自我可以分為低階自我和高級自我。低階自我就是

「我想、我要、我喜歡」這種慾望,和「我不想、我不要、我不喜歡」這種厭惡的結合體;高級自我是指個體能夠在慾望和厭惡之間進行良好的調適,從而能夠決定「我想成為一個什麼樣的人」,也就是一個人的心理能力和性情。

當一個人處於低階自我層面時,能感受到自己的喜悅、苦難、悲傷,但也只是單純地處於這個情緒之中,忽略了自己是自己情緒的主導者,自己可以控制情緒、調節情緒。當一個人學會控制、調節自己的情緒時,就處在了高級自我的層面,能主導並利用情緒,避免陷入情緒惡性循環。

## 二、看清自己的社會角色

角色的定義通常包含三種社會心理學要素:角色是一套社會行為模式;角色由人的社會地位和身分所決定,並非自定;角色符合社會期望(社會責任、義務等)。也就是說,角色就是與自我之外的人和事物產生的關係,與人的關係就是人際關係。

既然有角色,就有相對角色。比如,孩子角色的相對角色是父母。對於角色來說,為了適應關係,就會有「應該不應該、可以不可以、行不行」的行為判斷,這些行為判斷取決於自我的角色行為標準。比如,身為一個孩子,會希望自己做的事能讓爸爸媽媽高興,自己能做讓爸爸媽媽滿意的好

## 第二章　自問：我和關係的關係好嗎

孩子。對於相對角色來說，自然也會有對角色的「應該不應該、可以不可以、行不行」的行為判斷，這些行為判斷取決於相對角色的行為期待，對孩子來講，屬於他律。比如，爸爸媽媽期待孩子做一個聽話的孩子，於是，有的孩子就用「聽話」作為自己的行為標準。

人是社會性動物，社會化的進程即角色與相對角色的互動過程，也是人際關係的產生和互動過程。即便是現在的所謂的「宅男宅女」，依然透過網購、點外送、網路聊天、玩遊戲等方式來和外界發生著連結。所以，就算是「宅」著，也依然在進行角色互動，脫離不了人際關係。

臺灣心理學家林昆輝老師把角色系統分為家庭角色系統、學校角色系統、職場角色系統、社會角色系統。不管處於哪個角色系統，都有自定義的角色行為標準跟他定義的相對角色行為期待。

比如，我的一個學員，今年35歲，是一家公司的經理，已婚並且有一個兒子。在家庭角色系統裡，他相對於父母來說，是兒子。父母希望他能夠做一個好兒子（相對角色行為期待），他也覺得自己應該做一個好兒子（角色行為標準）。以此類推，他被妻子期待做一個好丈夫，被兒子期待做一個好爸爸，他也認為自己應該做一個好丈夫，應該做一個好爸爸。在職場角色系統裡，相對於員工，他是經理。員工希望

他是一位好經理（相對角色行為期待），他認為為了公司應該做一個好經理（角色行為標準）。

## 三、搞清自我和角色的關係

在我的課程中，有一個真實的故事，有一位同學下班後開開心心地回到家，但由於沒有搞清家庭成員的相對角色行為期待，導致自我角色行為標準偏離，最終搞得全家人都不高興。

事情的經過是這樣的：妻子和母親因為孩子學習的事情發生了矛盾。母親在他的面前告狀。他對母親說：「她上了一天班，回家還要管孩子的功課，實在不容易，您多體諒體諒她。」母親聽了更生氣了。在母親面前，他本來應該扮演兒子的角色，他卻用體諒妻子的話語去扮演了丈夫的角色。母子關係受到了影響。他又去對妻子說：「我媽媽每天幫忙做家事、帶孩子，也挺不容易的，你多體諒體諒她。」妻子聽了也更生氣了。在妻子面前，他本來應該扮演的是丈夫的角色，他卻帶著兒子的角色去和妻子說話。夫妻關係也受到了影響。他見了孩子又罵孩子：「你沒有好好做作業，讓奶奶、媽媽都生氣了。」孩子聽了不高興了。他在孩子面前原本是爸爸的角色，可是他卻扮演了老師的角色，要求孩子認真做作業，然後又扮演了兒子的角色和丈夫的角色去替奶奶和媽

第二章 自問：我和關係的關係好嗎

媽說話。父子關係也受到了影響。家庭氛圍很糟糕，他自己也一肚子火，用對公司員工說話的口氣對父親說了一通，父親也生氣了。由此，整個角色錯位、混亂，導致家中關係一團糟。

**參與人際關係的是角色，決定人際關係的是自我**

一般情況下，獨處時我們很自我，和他人共處時我們就成了角色。如果獨處時還在想著別人，那就進入了角色系統；共處時忽視他人，又陷入了自我之中。所以，獨處時自我大於角色，共處時角色大於自我，才可以維持正常的角色互動，平衡人際關係，保持飽滿的能量狀態。

參與人際關係的是角色，決定人際關係的是自我。很多時候我們對自身的滿意度就取決於角色和相對角色的和諧

度。一個人對角色不滿意就沒辦法愛自我，對角色不滿意就會不接納自我；對角色滿意了就是自我與角色合而為一，就是「我愛上了自己」。

我們每一個人都有一個自我和四個角色系統，所以每一個人都有五個「我」，相對關係也有它的五個「我」。如果自己不清楚是哪個「我」和外界發生關係，就會搞錯角色行為標準，辜負對方的相對角色行為期待，就可能出現人際關係衝突。無論是自我與角色的衝突，角色與角色的衝突，還是角色與相對角色的衝突，只要有衝突在，就可能產生分裂。

## 四、處理好角色與自我的關係

角色可以調整、規範、管理自我的慾望與好惡。在同一個場景裡，一個人可能扮演多重角色，是多重角色的組合。所以，更需要處理好角色與自我的關係。

### 1. 認清自己所處的角色

只有我們清楚地意識到自己所處的角色系統，並且清楚自己在那個角色系統裡的角色的時候，才能夠按照來自自我的角色行為規範，和來自相對角色的角色行為期待去要求自己。我們就會清楚，哪些應該做，哪些不應該做，哪些可以做，哪些不可以做。也就是我們懂得了「在什麼場合做什麼

第二章　自問：我和關係的關係好嗎

事情」，而不會把職場角色帶回家，也不會把家庭角色帶到學校。既不可以在該用角色面對相對角色的時候，只滿足自我，目中無人，也不可以完全陷入角色而忽視自我。

那麼我們再換一個角度來看上述案例故事：

如果母親抱怨妻子狀的時候，這位同學私下對母親說：「媽我知道了，是她的不對，回頭我說說她。」私下對妻子說：「你辛苦了，回頭我跟媽媽說說。」私下對孩子說：「兒子，跟爸爸說說媽媽和奶奶是怎麼說你的。」然後，他一個人在書房裡抽一根菸，聽一會兒音樂，放鬆一下。矛盾自然煙消雲散，關係一片和諧。因為他做到了在媽媽面前展現兒子角色的自我、在妻子面前展現丈夫角色的自我、在兒子面前自我與爸爸角色的合而為一。當自我角色與相對角色和諧對應的時候，人際關係自然如魚得水。

## 2. 解決自我與角色、相對角色的衝突

現實生活中的自我與角色、角色與相對角色的衝突非常大，尤其是自我與角色的衝突，很難達到自我、自我角色、相對角色的和諧。所以，人際關係往往發生危機，甚至有很多人想逃離人際關係。

比如，現在有很多孩子沉迷於電玩遊戲和短影音。尤其是孩子在家時，比較容易拿到電子設備。比如，手機。玩手

## 第一節　問心：關係面前，我是誰

機是滿足他的自我需求 —— 我喜歡玩手機。學習是滿足學生角色和相對角色的需求 —— 身為學生應該好好讀書。可是「我喜歡玩手機，不想讀書」，就是說他喜歡玩手機但是不應該玩，不喜歡讀書但是應該讀。在這種情況下，就發生了衝突，孩子喜歡的不應該、應該的不喜歡，這是自我與角色的自定義行為標準、相對角色的他定義行為期待的衝突。

我們可以用一個生動的例子了解這三個關係，想像一下，自我是人生的編導，負責創造腳本，自我清楚自己為什麼要創造這個腳本，這個腳本中自己想感受的部分，以及對於這個部分的領悟；角色是使用者，負責分享角色及面對自己的束縛，以及自己想活成的狀態；相對角色是觀影者、觀照者，負責共振自己的感受和狀態，還有啟發。

可以說，編導創造的腳本是自己喜歡做的，角色是做這件事情的自己，相對角色對角色的期待是編導應該做的。

一般情況下，人們面對自我與角色、相對角色的衝突一般有五種應對辦法。我們就以喜歡玩手機但是應該讀書來舉例：

### (1) 滿足自我，與角色衝突

第一種辦法是做我喜歡的，應該做的我不去做。這是一種滿足自我，跟角色衝突的辦法。

### (2) 滿足自我，應付角色

第二種辦法是我喜歡的偷偷做，應該做的應付著做。這就像有些學生，在讀書時人在心不在。把讀書當作家長的事、老師的事，對自己來講就是應付交差。

### (3) 滿足自我，放棄角色

第三種辦法是為了滿足我的喜歡，想辦法把應該做的變成不應該做的。比如，學生選擇失學、退學或者是請病假不去學校。這個時候失學、退學或者是請病假，躲在家裡，他就暫時失去了學生角色，也失去了學生角色對應的行為規範，就把應該上學變成了不應該上學。

### (4) 調適自我，滿足角色

第四種辦法是為了適應角色，把喜歡的變成不喜歡的，把應該的變成喜歡的，去做喜歡且應該做的。比如，身為一名學生，他知道應該上學，應該做一個好學生，然後他的自我角色也喜歡上學。他知道應該讀書，他也喜歡讀書，這個時候自我和學生角色合而為一，和諧相處，皆大歡喜。

### (5) 選擇角色，滿足自我

第五種方法是當自我與角色發生衝突的時候，選擇角色來滿足自我。這種方法需要有足夠的能力支撐，有充足的選

擇權才能做到。比如，馬雲就可以選擇做一名鄉村教師來圓他的教育夢想。一個職業能力非常強的人，就可以選擇自己喜歡又擅長的工作去幹。

很顯然，對於普通人來講，第四種辦法調適自我，滿足角色是處理角色與自我的衝突的最合理方法。

> **有效練習**
>
> 問問自己「我是誰」，找到自己的不同生命角色，看到生命的三重視角。

第二章　自問：我和關係的關係好嗎

## 第二節　關係的本質：關係的基礎是自我誠實

關係是一面鏡子，關係越緊密，鏡子中反映出來的自己也越真實。關係的本質是自我誠實。自我誠實不僅是建立健康關係的基礎，更是維護和發展關係的關鍵。

### 一、自我誠實是關係的基礎

演員威爾・史密斯（Will Smith）說：「自我誠實是我成長的關鍵。」一個人之所以能以誠實的態度面對自己，在於他內心的信任，他對自己、對他人都充滿了信任，自然而然也就贏得了他人的信任和關注。

#### 1. 有利於真誠表達，建構深層次關係

自我誠實能讓我們去真誠地表達，而真誠地表達是建構深層次關係的關鍵因素。

流行音樂女王瑪丹娜（Madonna Louise Ciccone）是一個十分誠實的人，她在採訪和自傳中毫不避諱地討論自己的婚姻和戀愛關係，這份誠實使她與粉絲建立起了穩定的關係，

第二節　關係的本質：關係的基礎是自我誠實

也贏得了同行的尊重。

人與人之間可以透過真誠地分享想法、感受和需求，增進彼此的理解，建立更深層次的連結。當我們真誠地表達自己的想法、感受和需求時，我們實際上是在向對方敞開一扇窗，向他們袒露我們的內心世界。這種直接的方式有助於彼此之間消除誤解和猜測，使得雙方能夠更準確地把握彼此的情感狀態、期望的方向。當我們勇於展現真實的自我，不再隱藏或掩飾時，對方就能夠感受到我們的坦誠，也願意跟我們建立一種更為真實、深刻的關係。這種關係不是表面的寒暄和客套，而是蘊含更深刻的理解與支持。

## 2. 有利於面對自己，建構深層次關係

了解並面對自己，是建構深層次關係的前提。

人的本能非常擅長「合理化」，有很多時候我們在做出某個決定後，會不斷地將自己的決定「合理化」；當我們出現了某種失誤的時候也會找理由為自己開脫，使我們在心理上得到安慰。這樣的行為方式非常影響我們看清自我，以及與他人相處。

面對自己，需要我們接受真實的自我，能夠展現出真實的自己，勇於面對自己的不完美。這種自我認識能夠幫助我們寬容和理解他人，有利於關係更加健康和穩固。

第二章 自問：我和關係的關係好嗎

之前看過一部電視劇，其中的女主角是一位聰明、活潑、直率的女性，她清楚地知道自己要什麼，也知道自己的優點和缺點，她從來不會隱藏自己的野心和欲望，總是勇敢地去追尋，成就了一個無堅不摧的「大女孩」形象。她交到了許多朋友，也獲得了事業上的成功。

## 二、自我誠實對關係的影響

即使傷害到了對方，只要做到誠實，對方也會選擇原諒。即使很小的事情，選擇隱瞞，也會失去對方的信任，影響關係。

### 1. 自我誠實，讓彼此間更信任

透過自我誠實，我們向對方展示自己的真實內心，對方感受到我們的用心與誠意，自然而然就靠攏過來了。因為真誠，彼此之間的溝通更加坦誠與自然；因為真誠，更容易贏得對方的信任；因為信任，從而建立更加穩固的關係。

### 2. 自我誠實，更容易揭示關係中的問題

當雙方都展現出真誠和誠實時，關係中的問題更容易顯現出來，從而更容易找到解決方案。當我們足夠自我誠實時，能夠更直接地揭示出所存在的問題，對方也能直接意

第二節　關係的本質：關係的基礎是自我誠實

識到問題的存在，不容易發生誤解。這種直接的溝通有助於雙方更快地聚焦於問題本身，而不會陷入無意義的猜測或揣測。

　　自我誠實鼓勵雙方共同面對問題。當一方展現出真實的想法和感受時，另一方更有可能感受到問題的嚴重性，並願意共同尋找解決方案。這種合作的態度有助於雙方更好地集思廣益，共同找到最佳的解決方案。

　　自我誠實也有助於建立一種開放和透明的溝通氛圍。在這樣的氛圍中，雙方都能夠自由地表達觀點、建議和擔憂，從而更全面地了解事實，並找到更全面的解決方案。

　　有的情侶在相處中，不願意直接表達自己的需求，於是，經常冷戰，使得戀情發展陷入僵局。如果可以進行一次坦誠的對話，理解對方的立場和需求，戀情發展就能很順利。

## 3. 自我誠實，讓我們更清楚地認識自己

　　面對真實的自己是實現個人成長的第一步。當我們能夠面對自己內心的恐懼與不足的時候，我們就在進步的路上邁出了一大步，我們將導致內心恐懼的事情與不足深挖出來，並剖析產生這些問題的原因，一步步去改進、一點點去完善，一切都向好的方向去發展。

第二章 自問：我和關係的關係好嗎

　　有學員曾講述過隱瞞和誠實的不同能量，以及會給家庭關係帶來什麼樣的轉變。這個學員是家庭主婦，有一次她參與了一個網路投資，希望可以增加家庭收入，動用了家庭十幾萬元的存款後，沒承想全部被套進去領不出來，投資的平臺一夜之間也沒了蹤影。

　　面對這樣的情況，她很慌張，幾乎想盡一切辦法，但是沒有任何進展。她不敢告訴先生，雖然很清楚先生早晚都會知道，但還是說不出口。因為這件事，她像熱鍋上的螞蟻一樣坐立難安，吃也吃不香，睡也睡不著。最後，她決定向先生坦白，就算先生罵她蠢，或者因此跟她離婚，她也認了。她覺得夫妻之間誠實最重要，如果關係中摻雜著隱瞞，實在太煎熬了。

　　她沒有想到，先生知道後，先是有些驚訝，但是很快便理智地說：「沒關係，錢總是可以賺回來的，我們是夫妻，無論發生什麼事情，我們一起去面對。」她聽了先生的話非常感動。夫妻關係更加親密了。

## 三、實現自我誠實的方法

　　誠實是做人的根本，能讓一個人的人格閃閃發光，能為一個人贏得更多的信任和尊重。所以，每個人都要努力做一個誠實的人。

## 第二節　關係的本質：關係的基礎是自我誠實

### 1. 保持覺知

我們的前輩們會覺得，要吃苦受難才能得到想要的一切。現在這個觀點有所改變。餘華老師在《活著》這本書中寫道：「永遠不要相信苦難是值得的，苦難就是苦難，苦難不會帶來成功，苦難不值得追求，磨練意志是因為苦難無法躲開。」現在人們的獨立自主意識越來越強，這是因為人們開始跟從自己的內心去追尋快樂，當我們快樂的時候，得到的也會更多。

我的一名學員分享了自己的經歷，過年期間很多親戚朋友到她家做客，到了晚上 10 點大家還意猶未盡。這名學員感受了一下自己內心的真實狀態，自己很想休息。多年來她一直保持著規律的作息，每天晚上 10 點鐘就準備休息了，而親戚朋友還沒有要走的意思，這就意味著自己的生活節奏會被打亂。於是，她跟朋友們說：「如果你們還想繼續玩的話，我先生可以陪伴你們一起玩，因為我先生是習慣晚睡的，但是我需要休息了。」親戚朋友聽了這話，都覺得玩了一天也有些累了，於是就此散場。

## 第二章　自問：我和關係的關係好嗎

**直面自己內心的恐懼**

當我們能夠直面自己內心的恐懼和不足時，我們就在進步的路上邁出了一大步

這名學員為自己勇敢的誠實表達按讚，因為如果她不誠實表達，而是壓抑自己的情緒和狀態，委曲求全，表面上看起來好像是維護了朋友之間的和諧氛圍，但是在內心裡她就會對朋友們心生怨懟。當她對自己保持覺知，做到誠實表達自己的時候，其間沒有壓抑的情緒，也沒有任何糾結的能量，一切都是自然地流動。

如果我們可以像這名學員一樣，時刻保持覺知，那麼，任何時候任何事情打擾了我們，我們都會有所覺知。不管是金錢上還是關係上的，你知道這些事情的到來不是要懲罰你，或者為你帶來焦慮，只是一些事情的發生而已，它們很快就會被解決掉。當我們允許自己任何時候都保持覺知，就會發現我們擁有解決一切事情的能力。

第二節　關係的本質：關係的基礎是自我誠實

## 2. 尊重需求

有一種暴力溝通叫做「我為你好」，看起來很誠實，但這叫做暴力溝通。很多時候我們會把情緒和誠實混淆，「你為我好」，我就一定得接受嗎？

我們的誠實只關乎我們自己，不關乎其他任何人。我們不能藉著誠實的名義去綁架他人，例如：「我是誠實的，你就一定要接受我。」或是「我都已經誠實了，你為什麼還要這樣對我？」這樣的誠實本身就在抓取和索求之中，你會發現你的誠實也變成了一個交易。

我非常喜歡的一本書叫《恩寵與勇氣》(Grace and Grit)，它是超個人心理學家——肯恩・威爾伯 (Ken Wilber) 和他的太太崔雅 (Treya Killam Wilber) 共同書寫的著作。他太太結婚不久就被查出患有乳腺癌，他們用了五年的時間抗癌，最後崔雅還是過世了。在崔雅去世前，他們就把這五年的日記整理成了這本《恩寵與勇氣》。

其中有一個章節是這樣寫的，因為崔雅患有乳腺癌，胸部做了切除手術。有一次肯恩・威爾伯在酒吧裡面碰到了一個妓女，他就要求這個妓女給他看一下胸部。當肯恩・威爾伯看到一個渾圓、完美的胸部在他面前的時候，他忍不住就流淚了，一邊撫摸一邊哭泣。那一瞬間他才知道他對這個失去的部位是多麼渴望和留戀。但他沒和那個妓女發生性關

第二章　自問：我和關係的關係好嗎

係，而是在這個妓女身上找到了一份很深層次的，男人對女人乳房的渴望。

他回家以後告訴了崔雅，跟她分享他內心的這個過程。崔雅完全能夠理解，甚至還笑他說：「幹嘛不把該做的事情做完？」肯恩・威爾伯也笑了，他誠實地面對自己的心理需求，用五年時間陪著妻子抗癌，這個過程對任何一個人來講都是很大的心理煎熬。

我們的誠實只關乎我們自己，與他人無關，我們要贏回的是那份沒有隱藏的力量，光風霽月、光明正大的力量，我們並不能因為自己誠實了就要求對方怎麼樣，而是因為我們自己誠實了，生命才會贏回一份完整性。

### 3. 清理情緒

如果有情緒，就先清理自己的情緒。這時，我們就會發現原來自己的誠實是有深度的，這個深度來自我們對自己需求的透澈理解。例如：有時候我們是在誠實地溝通，卻變成了兩個人在吵架，兩個人都在用情緒攻擊彼此，都在表達著自己的受傷，這是一種很不成熟的誠實。這是一種發洩，而不是真正的誠實。

真正的誠實是知道世間的一切就是如此，允許自己在情緒裡，知道自己能夠面對自己的情緒。情緒是自己的，和對

## 第二節　關係的本質：關係的基礎是自我誠實

方無關。允許自己清理掉情緒,然後很成熟地和對方溝通。

如果對對方有很深的恐懼,害怕對方知道自己做的一些事情,首先要做的是原諒和寬恕自己,然後再把相關的情緒清理掉。清理以後真正地擁抱自己,接納自己,將事實陳述給對方。如果在陳述的時候對方處於情緒之中,要非常清楚自己要的結果是什麼。比如,有的溝通是為了還自己一份自由,也就是說,告訴對方事實是怎樣的,自己很珍惜和對方的這份關係。我曾經遇到一件很有趣的事情,我在某個車站下車,提著行李箱在走,路很寬,我也是一個比較有覺知的人,但我的行李箱不小心撞上了一個人的腳,她立刻就跳了起來,說:「我這隻腳受傷了。」這時,我才發現她把皮鞋當拖鞋一樣踩著走,腳上有一塊淤青,她說:「我的腳受傷了,你還碰我受傷的地方。」我當時就覺得,她需要一份情緒的釋放,她投注了太多的擔心在腳上,投注了太多的委屈以及因為這件事情所感覺到的犧牲。在那一刻我能夠理解她的腳不舒服,我馬上把行李箱放下,蹲下來摸她的腳,她很害怕我碰到她痛的地方。

我說:「要不要我送妳回家?還是我們去醫院看一下吧?要不要我找人來背妳?我真的不是故意的,但是我願意承擔責任。我真的好抱歉,讓妳的腳痛。看到妳腳痛我也好難過。」

她說:「不要。」

## 第二章　自問：我和關係的關係好嗎

我說：「那我們看一看妳的腳吧。」

她說：「也不要。」

我說：「那有什麼辦法可以讓妳的腳舒服一點？」

她的眼淚都快掉下來了，很哀怨地看著我說：「我的腳本來就很痛。」

我說：「我知道，那我幫妳揉一揉好不好？」

她說：「不要揉，好痛的。」

我說：「那怎麼辦呢？我們想點辦法來讓這件事情變得好一些好嗎？」

她說：「不要了。」

然後她瘸著走了。我看著她的背影，給她送去了祝福。

在這件事情中，我不帶著情緒溝通，而且很誠實地面對她的情緒，不逃避自己的責任，也獲得了她的真誠回應。很多時候我們的溝通是害怕被對方攻擊，或者是很害怕出現一些我們不想要的結果，所以我們防禦的臂膀就會早早地抬起來去阻止對方。

**有效練習**

　　覺察生活中哪些方面你做到了自我誠實？

## 第三節　釐清關係中的需求：看清自己所愛

要維持一段關係和諧發展，先要確定自己的需求，這是看清他人需求、滿足他人需求的基礎，更是一段關係自在發展的前提。

### 一、關係能夠映照我們自己內在的需求

當我們跟一個人沒有關係、沒有為他打上一個「我的」的標籤時（「我的」老公、「我的」老婆、「我的」手機等），我們就可以無條件地愛對方，一旦貼上了「我的」標籤，就對對方有需求了。

我們永遠都是這樣的，借假修真，感謝對方的貢獻，讓我們看到自己有這樣的需求。我們期待關係能滿足自己的各種需求，如情感支持、社交認同，這都是關係能帶給我們的正面影響，我們需要他人的理解和安慰，需要分享自己的喜怒哀樂，希望得到他人的認可和尊重，需要確認自己的價值。此外，實際幫助也是關係的一種需求，無論是生活上的幫助還是工作上的支持，都能夠幫助人們解決問題，減輕負擔。

## 第二章　自問：我和關係的關係好嗎

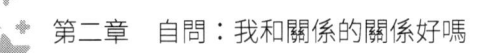

　　需求得不到滿足和回饋時，也會引發以下負面狀態：不表達、不夠好、討好、證明、批判、爭執、冷漠等。

　　在關係中明確自己的需求是非常重要的事情，同時，我們也要真誠地向對方表達自己的需求，而不是和對方玩猜猜猜的遊戲。

　　我的一名學員和她的伴侶關係很好，很多人羨慕他們，我也經常看到她在朋友圈晒二人的幸福時光，誰會想到，一年前她還在懷疑自己的另一半是否對自己百分之百真心呢？

　　這名學員對待關係的態度有一點「潔癖」，她認為兩個人關係的交融是不能有第三者的。但是她的伴侶認為愛是可以分享的，分享給越多的人，愛的層次就越豐滿。所以，過去很多年，我的這名學員過生日，她的先生都會邀請很多親朋好友一起來為她慶祝，每逢週末出門度假，她的先生都會帶著孩子或者帶著父母一起參與。先生以為人多熱鬧，歡樂和愛會更多，但是這名學員每次都很沮喪，因為她感受不到愛的純粹。

　　有一次，她向先生表達了自己對愛的理解，她的先生才恍然大悟。過去很多年，先生一直在以自己理解的愛的方式，向她傳遞愛，但她感受到的卻是愛的分離。他們雙方經過真誠的溝通，解開了心結。現在，週末和節假日，他們增加了二人世界的時間，哪怕只是一起出門吃飯、喝茶，當只有彼此的時候，他們感覺心貼得更近了。

第三節　釐清關係中的需求：看清自己所愛

## 二、看清所處關係中的個體需求

無論是愛情、親情、友情，還是合作夥伴，抑或是社會關係，都是我們生命中不可或缺的部分。因為關係的不同，我們對他人的態度和期望也有著不同的需求。勇於正視並發現自己的需求，才能得到自己真正想要的。

### 1. 不同關係中的需求都有哪些？

在親密關係中，我們需要愛人擁抱我們，需要愛人傾聽我們，需要愛人陪我們去旅行，需要愛人欣賞我們、崇拜我們、哄我們、寵溺我們……我們需要愛人每天清晨用一個大大的擁抱、一個吻將我們喚醒，需要愛人早晨端著早餐，讓食物的香味在鼻尖飄盪，用咖啡的香氣將我們喚醒……這些可以統稱為情感支持的需求。我們希望另一半能夠為我們提供理解、支持和安慰，能夠提升自己的幸福感和生活品質。

在親人關係中，我們需要被理解，被支持，被看重，被欣賞，被引領，等等。我們希望父母家人能夠永遠是我們的避風港，堅定地做我們的後盾，讓我們回頭就能看到他們，滿足自己的歸屬感需求，能夠時刻讓我們感受到輕鬆、放鬆。

在朋友的關係中，我們需要朋友幫忙拓寬眼界，帶領我們去看到不同的世界，需要能夠和朋友在一起暢快地喝酒，需

## 第二章　自問：我和關係的關係好嗎

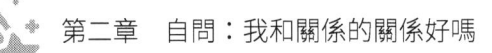

要和朋友在一起彼此陪伴，在共同成長的時候能夠彼此見證等等。我們渴望透過和朋友們的交流相處獲得社交認同，讓自己能夠確認自己的價值所在，避免過度地否定、消耗自己。

在事業夥伴的關係中，我們需要對方和自己有共同的方向和價值觀，需要一份彼此建立的秩序感，需要彼此的啟發，彼此的尊重，需要對方誠實守信，公正透明，需要雙方能夠彼此激勵，等等。我們希望由此獲得事業夥伴的信任與尊重。

2. 為什麼有人不願意面對自己的需求？

有時候我們在和別人相處的過程中不願意虧欠別人，一旦得到別人的幫助，就覺得欠了人情，心有愧疚，立即想各種辦法歸還人情，不多欠一分鐘。雖然事後很心安，但是與他人的關係越來越疏離。這是由於社會所教導給我們的「無價值感」，即認為自己如此渺小、無用，所以不值得別人為自己付出，不值得尋求別人的幫助，也注定得不到別人的幫助。另外則是由於我們長期處於被指責的角色，「不知道感恩、養你這麼大白養了、忘恩負義」之類的話，是我們在關係中經常聽到的話。

但無論是哪種原因，其關係模式的本質都是非黑即白的。想要安心，除非關係中沒有虧欠，否則就一定痛苦。但是問題的關鍵不在於虧欠與否，而在於如何全面地理解關係中的虧

## 第三節　釐清關係中的需求：看清自己所愛

欠。關係的長久連繫有時就是靠「相互虧欠」而實現的。

我的線上課有一名學員分享說自己曾經是一個很「精明」的人，逢年過節，如果有朋友送了她什麼禮物，她總是很快地回禮給對方，而且要回一份價值差不多的禮物。這樣，雙方禮尚往來兩不相欠。但是這樣的生活方式，有時讓她感到很有壓力，禮物的流動中似乎並沒有任何愛的滋養。

經過在線上課的學習，她意識到這是因為自己內在的價值感低，她覺得自己不值得、不配接收他人的禮物，所以趕快還回去才會心安理得。於是她開始不斷地練習愛自己的功課，做提升自己價值感的功課。漸漸地，她的那份敞開的能量、喜悅的能量，總是讓身邊的人想要靠近她，想要送她禮物。現在，她再接收禮物的時候，都能夠感受到對方傳遞的滿滿的愛，她也會自然地對他人表達感謝。當她內心有愛要流動的時候，也會自然地透過禮物、讚美、關懷等不同的方式流動給身邊的人。當配得感提升後，人與人的關係沒有了那份交易，一切都是在純粹的愛的流動中。

## 3. 你對自己有怎樣的需求？

我們需要自己隨時隨地光芒四射，需要自己隨時隨地保持很好的狀態，需要自己有很好的身材，很好的膚況，需要自己有很棒的賺錢能力，很好地把天賦發揮出來的能力，這

第二章　自問：我和關係的關係好嗎

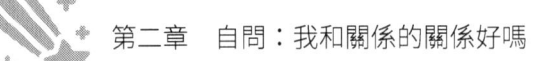

是能力上的需求。

　　但更為重要的還需要不再攻擊自己，能夠很好地欣賞自己，能夠無條件地愛自己……我們很多人在嘴上說著愛自己，但其實總是在做著傷害自己的事情，我們總是思考著別人是不是因為我說的這句話不高興了，是不是不喜歡我了，我應該怎樣做才能贏得別人的喜歡，這實際上都是討厭自己的表現。

　　我們每個人在這個世界上都是獨立的個體，每個人都有自己不同於他人的個性與特點，而人的美妙之處就在於人的獨特性。因此我們應該學會接納自己獨一無二的特點，並發展成為我們的優勢，不去在意別人眼中的自己，將注意力集中在自己的身上，把自己當成自己世界的主題。我們要看清楚自己到底要什麼，否則就會慾求不滿，想要又不敢要，在這種要與不要之間搖擺是最痛苦的。我們把自己在關係中的需求全部梳理出來，看到自己真正要什麼，接下來我們就可以得到自己想要的。

## 三、善於覺知自己的需求

　　2011 年，一隻被海上洩漏的石油嗆得奄奄一息的小企鵝漂流到了巴西里約熱內盧附近的一個海島漁村。71 歲的老漁民花了一週時間耐心地幫牠清洗，最終小企鵝活了下來。

## 第三節　釐清關係中的需求：看清自己所愛

企鵝完全康復後，老人決定將牠放歸大海，小企鵝卻不肯離開。

他們相處了 11 個月之後，企鵝不見了。到了第二年 6 月牠又出現了，用帶著海腥味的嘴親吻老人。此後 5 年，這隻企鵝都是每年 6 月來，次年 2 月離開，周而復始。生物學家計算了一下，麥哲倫企鵝的聚居地位於南美洲南端，每一次的赴約它至少要遊 5,000 英里（約 8,000 公里）。一路上牠要克服疲憊和疾病，躲過海豹、鯨魚等天敵，只為與牠生命中的恩人相聚。

因為愛，小企鵝和七旬老漁民建立了深厚的友誼。

### 1. 知道自己需要什麼，不評判，不縱容

覺知自己需求的第一步就是知道自己需要什麼，真實面對自己的需求，不評判也不縱容。透過自我覺察和反思，我們明白自己的真實需求，然後真實地表達出自己的需求，這是一件美好且直接的事情。

允許自己真實地表達自己的需求，展現自己的需求，這是對自己也是對關係的一種尊重。同時我們也要清楚一件事，關係是雙人舞，舞蹈有自己的界限，不能強求，不能強迫對方按照我們的方式來滿足我們的需求。

第二章　自問：我和關係的關係好嗎

## 2. 愛是一切關係的核心

覺知需求的第二步就是不論對方能不能滿足自己的需求，都不是雙方在一起的原因。

首先，愛是一切關係的核心，而不僅是為了滿足個人的需求，只有關係之間真正擁有一份愛的流動時，才是真正的在一起。

其次，我們需求的一切都是應該送給自己的最美好的禮物，這意味著我們需要對自己的需求負責，並學會去滿足自己的需求。

我有一位朋友，她行動和思考都很快，而且特別會照顧人，不論是她的先生還是孩子，抑或她的家族裡的成員，她都能給予無微不至的照顧。我和她在一起的時候，會產生一種生活不能自理的感覺。如果她享受這樣的狀態，我覺得也沒什麼，重點是她不享受，她在付出的時候會有評判，而且是一邊評判一邊付出。她為孩子付出，希望孩子優秀；她為先生付出，希望先生能振作起來。由此看來，她的每一份付出背後都藏著她的需求。如果過度在意對方是不是能夠滿足這份需求，對對方現狀不接納，對方也會感到這份壓力，更難做出改變。我們不如從自己的內心出發，讓自己滿足自己。

第三節　釐清關係中的需求：看清自己所愛

### 3. 超越需求來愛你

覺知需求的第三步就是超越需求來愛你。這是一種更深層次的理解和實踐，它意味著在滿足自身需求的同時，也能從更高的層面去理解和支持對方。這種愛不僅是滿足自己的需求，而且是出於對對方的關心和尊重，理解對方的感受和需求，願意為對方付出。這種超越需求的愛也意味著一種寬容和接納，即接受對方的不完美和不足，理解對方的局限以及面臨的挑戰。在這種關係中，雙方都能夠自由地表達自己的需求和感受，同時也能夠尊重和理解對方的需求和感受。

「知我者謂我心憂，不知我者謂我何求。」每個人都希望自己的需要被理解、被滿足。或許在你的交往關係中，你愛的不是對方，也不是你們之間的關係，而是自己的需求，是自己的需要被滿足的狀態。但是無所謂，如果我們每個人都能準確發現並表達自己的需求，那麼我們就能真正地互相尊重、互相理解、互相滿足！

> **有效練習**
>
> 將你的覺察寫下來：
> 1. 我希望伴侶滿足我什麼？
> 2. 伴侶希望我滿足什麼？

## 第四節 關係的真相：
## 最美的關係是成就彼此

最美的關係在於攜手共進、互相成就的和諧。我們願意幫助他人解決問題，也願意接受他人的幫助，去共同面對挑戰。這種相互扶持、共同成長的過程，不僅能夠增進彼此之間的友誼和信任，還能夠讓我們在人生的道路上走得更遠、更穩。

### 一、愛自己是形成良好關係的前提

當一個人愛自己時，會更加自信、積極和有安全感，會相信自己的判斷，不會輕易受到別人的控制和影響，懂得如何保護自己的內心和情感，不會輕易讓別人踏破自己的底線和界限，更不會讓自己陷入困境中。

一個人因為愛自己，所以能保持良好的情緒，這種充滿自信愉悅的狀態也會傳遞給周圍更多的人，他們也能感受到放鬆和快樂，並更加願意與這個人接觸，所以，充滿正能量的人更會被愛自己的人吸引。雙方都情不自禁想要給對方滿滿的愛，會開啟非常美好的關係，並在這種關係中越來越好。

第四節　關係的真相：最美的關係是成就彼此

當一個人真的愛自己時，會非常享受和自己在一起的時光。和別人在一起，是因為享受和對方在一起的時光。你會更加意識到另外一個人的好。

## 二、發現並誇讚對方的優點

奧黛麗‧赫本說：「真愛不是找到一個完美的人，而是學會用完美的眼光看待一個不完美的人。」我們很難在生活中遇見一個完美的人，要用寬容和理解的眼光看待對方，要學會使用誇讚的力量，向身邊的人提供正向的回饋。

我們有一個「誇誇團」，就是讓群組裡的每個人都進行誇獎，大家都來誇自己的伴侶，沒有伴侶的就誇未來的伴侶。他們非常喜歡這個活動，他們回饋「被誇獎的感覺真是太舒服了」！

跟隨多年的老學員都知道「誇誇團」威力十足，他們主動應用在自己愛的人身上。我的一名學員說自己是在「每日三省吾身」的教育環境中長大的，曾經她一直認為要發掘自己更多的不足之處，才有機會修正和成長。當這名學員來到了自我實現心理學成長系統中，她發現同學們都在相互誇讚。剛開始她很不習慣這樣的環境，每當有同學誇讚她表達清晰的時候，她就會習慣性地說「沒有沒有，我還有很多不足」。有一天，她突然意識到，面對誇讚她第一時間都是否認，做

## 第二章　自問：我和關係的關係好嗎

人要謙虛啊！她開始嘗試著讓自己做出一些改變。當她第一次用心感受同學們對她的誇讚時，她感覺自己好像的確在某些方面表現還不錯，她真誠地感謝了對方對自己的看見和讚美。從那之後，她覺得自己變得更加閃耀了。

每個人都有自己獨特的天賦和優點，而這些優點正是他們獨特的價值所在，也是他們能夠為關係帶來貢獻的泉源。當我們能夠看到並讚賞別人的閃光點時，我們便能與他們建立更緊密的連結。而對方由於獲得認可，就會進一步激發他們的積極性和動力。

說到讚美，我們不得不提到關係的另一個方面，即「對立」。與讚美和誇讚截然不同的是：在關係的對立中，我們時常會犯這樣的錯誤，即你不同意，我偏要做。有同學問我：「如果自己做的事情家裡人不支持怎麼辦？」我說：「對於我們想要的東西，我們既不抗拒也不妥協，要做的就很簡單，你可以看著對方的眼睛說：『如果你不答應，我就不會去做，但是我真的很想去。』」我會教他們既要尊重彼此共同的時間和錢財，也要用誠實的方式表達內心的需求。

我們不能把對方視為競爭對手或者利用對象，而是要將其視為生命中的重要夥伴。我們相信對方的價值和能力，願意為對方提供支持和幫助，同時也期待對方能夠成為我們的助力，在我們自我實現的道路上能夠產生助力。

## 第四節　關係的真相：最美的關係是成就彼此

我對身邊的人也是這樣，我的口頭禪就是：「寶貝，你太可愛了。」無論誇讚對象是誰，誇讚的時候眼要到，聲音要到，心要到，真正把對方看進眼裡，放在心底，用言語直達對方的內心。讓對方不僅感受到我們誇讚時的真心，也為自己的長處由衷地感到開心。

## 三、重視當下的體驗

相處的品質大過相處的時間。我們每個人的精力有限，白天需要上學或者上班，晚上回到家中要做家事、休息等，因此我們與朋友、伴侶相處的時間就非常有限了。如何能讓相處的時間變長呢？專注於每個當下。當我們能夠全然在當下的時候，看到、聽到、觸碰到、嗅到的都是對方。當我們重視當下的體驗的時候，就能夠更完善地管理好自己的精力，並將精力集中到當下。我們的每個瞬間都是永恆，因此每個永恆都給我們的愛人了！

《西遊・降魔篇》裡面，段小姐愛上了玄奘，玄奘一直都不敢面對這份愛，直到段小姐被妖化了的孫悟空打死了，臨終前她對玄奘說，我不要你愛我一萬年，我只要你現在愛我，深深地，牢牢地。允許自己心中的那份愛炙熱蓬勃地燃燒，就可以把每一個瞬間都過成永恆。

第二章　自問：我和關係的關係好嗎

## 四、共同成長，成就彼此

1976 年 4 月 1 日，賈伯斯 (Steve Jobs) 和沃茲尼克 (Stephen Wozniak) 共同創立了蘋果公司，共同研究開發蘋果電腦，後來因為公司內部的「鬥爭」，兩人分道揚鑣。十幾年後，賈伯斯回歸蘋果任職，帶領蘋果度過財務危機，最終使得蘋果公司成為全球有價值的科技公司之一。

這種彼此成就的案例比比皆是。而在這些關係間的互動中，我們追求的不應該只是自己的利益，而應該是希望能夠與他人共同成長、彼此成就。這種彼此成就的關係意味著我們不單是以自我為中心，而是懂得換位思考，關注他人的需求和感受。

尊重生命每個階段的成長，
是我們在關係中彼此相伴的美好

## 第四節　關係的真相：最美的關係是成就彼此

尊重生命每個階段的成長是我們在關係中彼此相伴的美好。我們知道每個人、每段關係，都有它不同的生命週期，我們從彼此相識，然後有感覺，有一份炙熱的情感，到能夠更深地彼此相知相伴。我們認識可能有些陌生的對方，開始展開一場場權力的鬥爭，然後又要重新認識自己和對方。有些關係會經歷很長的一段冰封期，還有的甚至進入關係的死亡期，然後又開始重新向上來到互動依靠期。無論相識相知的過程怎樣起起落落，相伴都是美好的事情。

瑪麗蓮‧夢露（Marilyn Monroe）說：「我愛你，不是因為你是誰，而是因為我在你身邊時我是誰。」愛是周而復始，螺旋式成長的，只要我們不停，關係本身也不會停滯在這份愛的流動中，我們能夠感受得到一份來日方長的美好。

在這個過程中，我們透過對方看到了自己的成長，同時也見證了對方的成長過程。有一句話叫做陪伴就是愛！所以，在這一份慢慢的共同成長之中，會讓人在悠然中看到彼此都在成就著對方。我們不著急一定要這段關係有某種深度，也不著急要去改變對方。有學員分享說，曾經自己渴望另一半來愛自己，是因為自己不懂得愛自己，希望另一半可以滿足自己的需求，可以無條件地寵自己。但是雙方相處之後發現，如果自己的愛是不完整的，祈求來的愛也是不圓滿的，而且雙方都會覺得受傷。所以，完美關係的前提是自我的愛的完整，在愛自己

第二章　自問：我和關係的關係好嗎

的基礎上，滿溢的愛會流動到身邊的人身上。

在我們的系統中，有很多參加學習的夫妻，一起聽線上課，一起參加實體課，這份共同成長使得這些夫妻有很多共同語言。特別是實體課有很多互動練習，可以體驗關係的升溫甚至是瞬間昇華。

伴侶之間共同完成對視傳遞愛的功課，兩人找到讓彼此舒服的位置和距離，相互看向對方的眼睛，覺知著自己的呼吸。其中一個人向對方說「我愛你……」，將心底的愛傳遞出來，直到對方感受到了愛，點頭示意，換另一個人表達，直到對方也感受到了愛，再換另一個人，如此循環下去，將這份愛不斷昇華和傳遞。

撫觸練習可以與任何愛的人共同完成，這個練習不需要提前告知對方，就是一份自然的愛的流動。一方可以往對方身邊輕輕靠近，或者與對方同頻呼吸，可以用掌心輕輕觸碰對方的身體，比如脖頸、後背、後腰等，盡量避開敏感區域。

這或許對有些人來說是一個挑戰，會有一點不好意思，甚至會有想躲閃的感覺，但是我們要時刻提醒自己，生命就是體驗，我們都值得去體驗一份有強度和深度的愛，所以如果對方有閃躲或者是自己內心有閃躲，甚至有情緒出現的時候，都不要迴避。

## 第四節　關係的真相：最美的關係是成就彼此

很多人這樣做的時候會流淚,因為這觸發了內心深處最深層次的愛的噴湧。此時,會發現內在的愛就像岩漿一般熾熱,自己真的擁有超級有愛的天賦和愛的能力。如果透過練習,兩個人都對彼此敞開心扉,會讓彼此在關係上有一份很深層的共振,一方能更加站在對方的角度考慮,更加照顧對方,愛對方,由此也會更加成就自己,成就對方。

佛洛伊德說:「在一段親密關係中,我們總是在尋找我們未完成的自我。」所以,當我們的關係回歸本質時,我們會允許自己更加愛自己,由此能夠爆發出更大的生命力,在我們能夠不斷點燃自己、活出自己的同時,我們也擁有了點燃我們身邊人的力量。

> **有效練習**
>
> 嘗試布置一個適合溝通的環境,跟另一半彼此深度交流,了解:
> 1. 伴侶的夢想是什麼?最想做什麼?
> 2. 到了生命的最後,伴侶最遺憾的事情是什麼?

第二章　自問：我和關係的關係好嗎

## 第五節　好的關係：
## 　　　　在任何關係中你都有選擇權

著名演員威爾・史密斯曾說,「你的生活不是由他人的期望塑造的,而是由你自己的選擇和行動塑造的」。是的,在任何形式的人際關係中,我們都有自主選擇的權利。我們要善於行使自己的選擇權,定義自己的身分和價值,而不是被他人的期望所限制。

### 一、要在關係中保持選擇權

曾經有一個朋友這樣對我說:「我希望自己在各方面都做到最好。我要在最好的學校裡學到最好;要去最好的公司工作;在學習、工作之餘為家人做飯並把家打理得井然有序;我要運動、節食,維持最佳的身材;要護膚、吃保健品,維持自己不要衰老。我要精緻、美麗,也要實用、賢惠。但我真的太忙太累了,我總有遺漏的方面,這樣的自己真的很令我不滿意。」聽到這段話,我被震撼了。我才知道在有些人的心中,幸福的門檻原來如此之高。如果以這樣的標準來生活,大部分的人都將輸給自己嚴苛的標準。這大概可以解釋為什麼有那麼多人總是覺得自己像一個失敗者。

第五節 好的關係：在任何關係中你都有選擇權

諾曼・文森特・皮爾（Dr .Norman Vincent Peale）說：「在任何關係中，如果你失去了自我，那麼你也就失去了關係。」社會的激烈競爭、父母的期待、自己的高標準無一不束縛著我們，讓我們難以呼吸。生活在這種苛責與困惑中，我們也就形成了普遍的低自尊：經常懷疑自身的價值、自身是否值得被愛、自己是不是哪裡有問題，因而不可能被愛；否定自己並告訴自己有很多事不可能、不可以。有時候關係之所以容易導致我們判斷力下降，就是因為情感會讓這份關係變得沉重，會讓我們感覺自己對對方負有責任，在維護對方和維護自身的抉擇中陷入更深的兩難的境地。

當我們不再讓自己深陷於泥潭一般的關係中，把自己當作自己世界的主體時，我們就會產生更多力量，不會在關係中期待索取，期待自己必須獲得什麼，因為我們想要的一切都可以靠自己獲取，我們也會因此充滿更多歡笑，更愛自己。我們允許自己擁有一份選擇權，選擇看到我們喜歡的方式和角度。

## 二、如何在關係中擁有選擇權

在任何關係中，當我們擁有了選擇權，我們就可以控制自己的注意力在哪裡，意識在哪裡，努力在哪裡，相應地，我們就能在哪裡有收穫，就能在哪裡建立起好的關係。

## 第二章　自問：我和關係的關係好嗎

### 1. 調整關於自身的看法，提升自我價值

博恩・崔西（Brian Tracy）曾說，21 天習慣養成是在培養內在的自我評價、自我形象和自我觀感。一個人的自我價值的高低，決定了這個人是如何看待自己的，也決定了在人際關係中會尋求怎樣的被對待的方式。比如，某人覺得自己不值得被別人喜歡、被別人尊重，那麼在和別人交往中，他就總是會覺得被忽視、被貶低。這類低自我價值感的人，在人際關係中往往會委屈自己、犧牲自己去滿足別人的需求。

那麼，是什麼造就了一個人的自我價值感的高低呢？

首先，自我價值感是後天習得的。早年的經歷、家庭環境、父母的養育方式、如何和別人建立互動模式，這都會影響最初的自我價值感。如果我們生長在一個非常嚴苛的家庭中，只有表現得好、聽話，才能被關注、被愛，那麼我們就會形成一種觀念，就是「我不值得被愛，我的感受、需求並不重要，只有當我去滿足他人的願望，達到他人的標準時，才會被愛、被關注」。那麼我們長大以後，就更容易把自己的精力花在追求外在標準上面，以得到別人對自己的喜愛。當一個人把自我價值建立在一些不可控的因素上的時候，就會很在意別人的眼光和想法，外在就會很容易影響我們的自我價值感。

## 第五節　好的關係：在任何關係中你都有選擇權

**堅定自己的立場，停止迎合別人**

我們每個人的核心信念也會影響自我價值感的建立。核心信念是指一個人對自我、他人和世界形成的堅固的、穩定的、深扎於內心的信念。當一個人加工外在資訊時，就會選擇性地關注那些我們確信的、篤定的資訊，而忽略那些「違背」我們觀念的訊息。比如，一個人的核心信念是「我很差，我做得不好，別人會不喜歡我」，這時如果他貼一張自拍，有九個留言說很好，一個留言說「你修圖修得太誇張了」。他就會忽略前面那九條留言，而一直糾結於為什麼會有一條是批判自己的，然後深以為然，覺得肯定是自己太醜了，之後便會過度修圖。

同樣的情形，高價值感的人就傾向於認為「其他人和我一樣糟，我再糟糕也比其他人好」，他們會選擇有利於維護自

## 第二章　自問：我和關係的關係好嗎

我價值感的訊息，稍稍誇大自己的優越性。高價值感的人會想：「有 90% 的人在誇我呢！」所以，每個人的核心信念會影響我們怎樣去看待別人傳達給我們的訊息，也會讓我們產生不同的想法、不同的情緒，在這樣一次次的反覆確認中，自我價值感也在一次次地被鞏固。

因此，我們可以調整自身的觀念，試著釐清在生活中哪些事情對我們來說是真正重要的。我們經常會犯的錯誤是，我的某一方面不好，就覺得自己是一個特別糟糕的人。這個時候要停下來想一想，這件事情是不是我很在意的，是不是對我真正重要的。我們可能會發現，哪怕我身材不好，但我很健康；我工作上沒有明顯進步，但我有幸福的家庭；而我更在意的就是健康的身體、幸福的家庭。雖然我也希望身材好、工作業績高，但這些對我來說並不是最重要的，我就可以把它們從自我評價中刪除，慢慢地我們就可以形成較高的價值感。

## 2. 無條件愛自己

我們需要無條件地愛自己，愛不是關於對方的，愛是關於自己的，當我們愛上自己，其實就是愛上了所有的人。

我們之所以想在關係裡束縛對方，一個很重要的原因就是我們不夠愛自己，不夠相信自己，不相信自己有力量。我們可以嘗試把一個完整的時間段給自己和真我，完全地屬於

自己和真我。我們可以對真我說：「親愛的，我帶你去約會，就只有你和我。」可以去看電影，喝咖啡，或者做任何事情，我們要時時刻刻覺知到我們和真我在一起。只有我們願意把自己和真我放在第一位，並且習慣於這樣的狀態，慢慢地才會把往關係裡投注的控制和抓取的力量收回來，變得越來越有力量。

## 三、堅定自己的立場，停止迎合別人

選擇立場，做出選擇，其實也意味著為自己承擔責任，我們在長期被質疑的成長經歷中長大，會不信任自身有承擔責任的能力。我們迎合他人，是因為害怕與他人結果不一致後被孤立。我們希望透過迎合，讓大家知道我們沒有不合群，我們是值得被愛的。

英國心理學家吉利根（Carol Gilligan）提到，很多人都是為了一種「一致意見」而活著，我們喜歡與外界達成共識，對外界的不同意見有一種「易感染性」，即很容易附和和同意。即便是自身高學歷、事業有成的人也難以擺脫這種生活模式。我們的自我價值感相當程度上依託於關係，在關係中，我們才了解到自己是誰，而從關係中被驅逐為我們帶來的傷害無異於毀滅。因此，很多人認為保持一致意見是我們的被保護和依賴所在。

第二章　自問：我和關係的關係好嗎

在這種情況下，想要突破社會所設定的重重難關，走出屬於自己的幸福之路，我們必須勇敢地邁出做出改變的一步：停止迎合。我們要選擇自己的立場，並堅信這個世界應當容許多種立場同時存在，我們的立場就如同其他人的立場一樣，有權利正當地存在，因為只有這樣我們才能吸引到那些真正被「我們」吸引的人。此外我們還要練習做出選擇，以及練習接納做選擇帶來的種種責任。

## 四、改變評估自我價值的方式

我們要改變評估自我價值的方式：從把自己放到社會上的種種評估標準中，轉移到「自己是否有能力為自己選擇真正對自己好的東西」、「自己不會為了眼前的利益而背叛自身」、「自己是否讓自己做那些明明不願意去做的事」上。

吉利根曾經這樣說：「過去我會因為自己做了自己想做的事，而感到自私、內疚。直到有一天我忽然意識到，這就是人類一種常見的生存方式。僅僅因為自己的感覺、渴望而去做一件事，看重自己的需求，對別人來說無所謂，但對自己來說理由已經足夠。愛我的人，應當支持我的這種權利，不製造阻礙。」

一個人的成長其實就是不斷自我突破的過程，當我們獨立完成一件從來沒有完成的事情的時候，我們會有一種滿滿

## 第五節　好的關係：在任何關係中你都有選擇權

的成就感，這種成就感實際上就是自我價值認同的方式，我們不僅會感受到自己的價值，還會在關係中讓他人感受到我們的價值。

一名學員曾經在線上課上分享自己拿回關係中的選擇權的轉變過程。

她從小接受的家庭教育是結了婚就得白頭到老，嫁雞隨雞，嫁狗隨狗，如果離婚或者夫妻不和睦是很丟臉的事情。所以，結婚後她就堅守著自己的信念。即便有幾年的時間，她和先生的關係並不融洽，她也沒想過離婚。她懷疑先生出軌，有時候先生有家庭暴力的傾向，面對這一切她都忍氣吞聲，認為這都是命運，自己要遵從，她把自己放在一個受害者的位置，委曲求全地過日子。

當這名學員在自我實現心理學系統中學習了一段時間後，她發現這麼多年她把自己活到不見了。於是，她開始嘗試著愛自己，從生活中的一些小細節開始，買禮物給自己，讓自己感受到快樂，讓自己體驗到價值感的提升。漸漸地，當她自己的力量生長起來的時候，她也開始有力量對先生說「不」，開始勇敢地表達自己的需求和態度。她甚至非常篤定地拿回了關係的選擇權：我可以選擇和你在一起，我也可以選擇不和你在一起。這份能量的轉變，讓她先生也發生了很多轉變，他們之間開始有了更多愛的互動和情感的表達。因

## 第二章　自問：我和關係的關係好嗎

為彼此擁有選擇權，彼此是自由的、坦白的，他們的關係甚至比結婚前談戀愛時還要甜蜜。

史蒂芬・霍金（Stephen Hawking）說：「在任何關係中，都有必要保持一定程度的獨立性和選擇權，這樣才能讓關係更加穩固。」我們應該知道，我們選擇一段關係的原因除了愛沒有別的，我們時刻擁有選擇權，不讓小我認為自己是因為某些因素不得不處於某段關係中，從而放棄了選擇權。真相是，我們在任何關係中都沒有對彼此進行束縛，當我們放下了所有的需求、控制，我們還是會全然誠實地選擇這段關係。

> **有效練習**
>
> 　　列出你認為的自己生命中最重要的 5 樣東西，並去表達深深的感恩。

# 第三章
## 掌握財富密碼，和金錢做朋友

財富是一個人和世界價值交換的體現，熱愛財富，才會擁有奮鬥的動力，和財富做朋友，才能擁有財富。在現代社會，財富的重要性不言而喻。它不僅能夠給我們提供基本的生活保障，還能讓我們擁有更多的選擇權、實現夢想的機會和更大的影響力。

# 第三章　掌握財富密碼，和金錢做朋友

## 第一節　匱乏的內在：你渴望變得富有嗎

生活離不開金錢，活出金錢的富足是一件非常爽的事。

對於我來說談金錢主題是一件輕鬆的事情。我不是在空講，而是我的確活在這個狀態裡，我時常去觸碰能夠擴充財富的事情，並把這些體驗送給自己。對於一些人來說，金錢是罪惡之源等觀念在心中已經根深蒂固。因此，衍生出了很多不好的感覺。

### 一、匱乏是如何產生的

當金錢來到我們身邊時，我們需要去看看自己和金錢之間有哪些負面的信念系統。日常生活中，如果我們無法處於平等看待金錢的狀態，可能是被信念系統束縛了。不管是輕視金錢，還是過度重視金錢，都沒有在平等合一的狀態，內在都有一些拉扯，或者抗拒、貪婪。

我們常常對金錢賦予很多複雜的意義。從小我媽媽就總跟我說一句老話：賺錢猶如針挑土，花錢猶如浪淘沙。所以，從小我就覺得賺錢這件事很難，要一分一分地賺，而花

第一節　匱乏的內在：你渴望變得富有嗎

錢就像浪淘沙一樣，得省著花。曾經，我一直很害怕金錢來找我，因為我覺得金錢來找我很容易，但是它們來到後很快就會離開，每次離開時還要帶走更多的金錢。所以，我對待金錢的態度，是既需要它、離不開它，但是又交織了很多恐懼、匱乏、糾結等複雜的情緒。

在我們的成長過程中，在不經意間，我們就被一些關於金錢的限制性信念束縛了。有一些可能是社會集體意識灌輸給我們的，有一些可能是身邊的人告訴我們的，有一些可能是我們自己狹隘的理解。大多數的華人都覺得節約是美德，錢要省著花，買東西的時候要貨比三家，去挑那個性價比最高的。這些限制性信念不經意中可能成了我們匱乏感的能量根源。

## 1. 對金錢的負面認知

我從小讀了很多書，有的書中說要視金錢如糞土，金錢怎麼能高於友誼呢？金錢怎麼能高於自己的理想呢？我覺得自己有錢了就要拿去換取他人認同，換取自我價值。

你想要拿金錢換取某些東西，或者別人要用金錢來跟你換取某些東西時，要考慮交換的價值。我們不能用自己認為很重要的東西去換錢，因為這個時候失去的是自己最核心的力量。任何想要的東西都能透過努力得到，不需要用自己重視的東西去換金錢。

我們做任何事情都要回歸到愛,在一種非常平等合一的狀態下,出於自己的喜悅、開心、和平去做事情。

## 2. 過多產生內疚感

內疚感很會吸引負債。大多數人內疚是因為覺得自己應該內疚,不內疚就覺得自己是個沒心沒肺的人。這是一條死巷子。我們喜歡用內疚來懲罰自己,表面上好像我們做了一個好人,我們很有良知。但事實上這是極不負責任的。我們認為自己做錯了一些事,拿內疚作為一把「雙刃劍」,來捅自己,還要把血給別人看,你看,我已經內疚了。我們會用內疚去綁架別人,也綁架自己。有人覺得自己內疚了對這件事情就有補償了,其實,接下來還可以再犯。

在這個過程中,當一個人內疚後就需要受到懲罰,當一個人被懲罰後就會吸引懲罰,有時候懲罰最直接的形式就是負債。當一個人欠了別人的錢或者情,就是負著債的,接下來就可能負更多債。

如果我們受到金錢的困擾,或者在金錢這方面的力量一直發揮不出來,一定要去檢查一下我們的內疚感,看看我們對什麼東西有內疚感。我見得太多了,還真的不是說小負債,這些負債幾千萬、幾億的人,他們家裡非常有錢,但就是出於內疚感,金錢完全止不住地往外溢。

### 3. 對金錢的恐懼

大多數人表面上看起來很愛錢，內在卻對金錢有恐懼感。尤其是花錢時，只要一提花錢就開始恐懼，然後就進入比較、分析、計算裡。不管我們是害怕金錢來得快、去得快也好，還是說對金錢有強烈的匱乏感、不安全感也好，這些負面情緒只是個結果呈現而已。我們不需要抗拒它，只需要清理它就好了。

我們要清楚地意識到，金錢的價值在於流動，它不會只待在一個地方。倘若金錢不流動就失去了其存在價值，金錢流動越頻繁，就越有價值。即使是花錢，也要開開心心的。你若開開心心地花錢，花出去的錢還會再回到你手上，循環以後會帶來更多的同類，變成「錢生錢」。

### 4. 沒有做自己熱愛的事情

在追求財富的過程中，我們常常被金錢所驅動，以至於忽略了內心的真正追求。當我們懷著厭煩的心情工作，會覺得自己是因為缺錢才工作，這時我們對金錢的感覺可能會比較糟糕，我們可能會覺得它逼著自己做不喜歡的事，在這樣的狀態下，金錢怎麼會來到我們的身邊呢？而當我們懷著熱忱且投入地做自己熱愛的工作時，就在啟動正面吸引力法則，為什麼我們總說做自己喜歡的工作會更好？因為當我們

第三章 掌握財富密碼，和金錢做朋友

真心喜歡做一件事時，我們是積極向上的，不會耗費額外的精力，這樣全世界都會來助力，但若我們只是為了賺錢才做，並非真心所愛，那就不一樣了。《力量》(*The Power*)這本書告訴我們：「你不是根據你的工作或時間來獲得酬賞，而是依據你熱愛的程度。」

## 二、如何擺脫內在貧困

如果一個人沒有理想，沒有期待，看不到自己的潛能，更不分析當下的社會現狀，不回顧過去也不展望未來，那麼，這個人就陷入了內在的貧困狀態。內在是外在的支撐，一個內在貧困的人，外在難以豐碩。

### 1. 清理金錢的負面情緒

清理金錢的負面能量和清理其他的負面能量是同樣的道理。每天跑步也好，散步也好，做運動也好，抱大樹也好，擁抱孩子也好，冥想也好，讓自己習慣於任何時候都只選擇喜悅、和平。任何時候，面對讓自己內心恐慌的、不舒服的、糾結的、匱乏的事物，都不用管它，也不用分析它是什麼能量，直接轉身就好。自己轉回到喜悅和平，它就會自動清理。當自己習慣於待在和平喜悅的當下時，自然而然地，負面的情緒就被清理掉了。

第一節　匱乏的內在：你渴望變得富有嗎

**你渴望變得富有嗎？**

當我們能夠不再去關注所有拖住我們後腳的情緒時，就能直達結果了。如果我們想讓金錢來滋養我們，我們可以直接進入金錢的影響力。比如，我們想透過金錢來彰顯什麼，或者說我們想達成哪些事情，做成哪些事情來彰顯金錢的價值。

## 2. 接受自己對財富的渴望

莎士比亞（William Shakespeare）說：「金錢是個好士兵，有了它就可以使人勇氣百倍。」

我們對財富的渴望是一種普遍的心理現象，這種渴望可以驅使人們做出各種決策和行動，使人往好的方向發展。我們需要更加深刻地理解財富對我們意味著什麼。我們要明

## 第三章　掌握財富密碼，和金錢做朋友

白，我們是值得的，值得金錢來到我們身邊，值得金錢的價值在我們的身上得以體現。

舉一個例子，之前我從埃及旅遊回來的時候，有同學就說也想去埃及。大家要知道，並不是所有人都對埃及有所嚮往的，所以當我們有這樣的想法時，是僅僅讓自己想想，還是允許它像種子一樣，開花結果？**事實**上，這兩者是有區別的，如果只是停留在腦中，想想而已，就會有很多限制，比如，沒有時間、語言不通、要花很多錢等。

實現的祕訣是進行重疊，就是能夠知道自己和想實現的東西之間沒有距離，允許這個重疊在當下發生。重疊的關鍵在於，當一個人有了意識，就會感知到周圍的一切，慢慢引發感覺，這個感覺進一步激發念頭，一旦動了念頭，就會驅使自己行動，最終實現目標。因此當一個人有了意識時，重疊就開始發生了。

比如，當你想到蛋糕時，你的意識中就會出現蛋糕的形象，這個蛋糕的形象引發了你的渴望與期待，於是你的口水就流出來了，因為蛋糕是你想像的樣子，你的腦海中關於蛋糕的憧憬是可以聞、可以品嘗的。然後，你就開始**籌劃**什麼時候買個蛋糕吃。

### 3. 藉助顯化的力量

顯化是一個過程,是將內在的思想、意識、能量或潛能轉化為外在的、可觀察的現實。當我們釐清了自己對金錢的渴望,就可以用顯化的方法轉化為金錢。

顯化有六個步驟:

第一步,清晰知道自己要什麼。

首先,需要搞清楚自己想要顯化什麼。這可能是一個具體的目標、一個願望、一個關係或一個體驗。重要的是,需要非常清晰地知道自己想要什麼,並且對此保持開放和接納的態度。無論結果是否如自己所願,都應該保持內心的平靜和喜悅。

第二步,行動與思想保持一致。

在這一步中,需要開始採取行動。這不僅需要自己的努力,也需要藉助於自己的思想。列出自己的時間軸,制定計畫,並跟隨內心的指引前行。這樣做就可以將自己所渴望的事物帶入自己的生活。

第三步,保持開放與和平的心態。

在顯化的過程中,保持一個開放、和平的心態至關重要。這意味著需要放下所有的擔憂和恐懼,信任自己的直覺,不會被外界干擾。

## 第三章　掌握財富密碼，和金錢做朋友

第四步，持續敞開，讓喜悅成為常態。

這一步是對第三步的延伸。需要持續保持這種開放和喜悅的狀態，讓它成為生活的一部分。即使面對挑戰和困難，也應該努力保持內心的平靜和喜悅。這樣，會更容易顯化出自己想要的事物。

第五步，來去自由。

在這一步中，需要學會放手。這意味著需要信任這個世界，知道它會以最好的方式為我們帶來我們想要的事物。當我們放手時，世界也會用更多的餽贈來為我們創造奇蹟。

第六步，成為金錢力量的管道。

最後一步是成為一個管道，讓更多的能量和機會從中流過。這意味著我們需要保持內心的純淨和開放，讓自己成為一座接收和傳遞力量的橋梁。當我們做到這一點時，就會發現自己的生活變得更加充實和有意義。

我們要感受一下自己對此是不是很興奮，不要到思維裡，只是在意識裡，去規劃、去行動直到成為現實。

當下我們能做什麼？也許是把它寫在願望清單上，也許是朝前邁一步，也許是馬上找導遊做一些諮詢，約一下時間。如果這是我們真正想做的事情，一定要想辦法去實現。

這也是為什麼我日程表上的事情到時間就可以發生，因

## 第一節　匱乏的內在：你渴望變得富有嗎

為在那個當下我就已經完成了重疊的動作，我做好了準備。我要去哪裡，要做什麼，我並不是半年後才做決定，而是在想到的那個當下就完成了重疊的動作。在那個當下我會馬上看我能做什麼，是不是有相關的資源，如果沒有我就寫到願望清單裡，如果有我就馬上進行推進，也許就會出現一個合適的人或契機。

當我有了要去法國學習藝術的想法時，馬上就出現了相關的人，我就向他諮詢相關的事宜。我發現他是一個超級有責任心的人，他很快就為我制定了一個「法國學習之月計畫」。當我看到這個計畫時心滿意足，非常興奮，所以就允許它發生，馬上就敲定了時間。

「實現」這件事是沒有中間環節的，就是允許它發生，隨時記得我們要什麼。我們既然渴望得到金錢，就要立刻去思考我們的技能是什麼，我們需要做什麼，而不是馬上就讓很多否定的想法和語句對我們進行干擾，這樣的話我們很難做成一件事情。要讓我們時刻能夠覺察到金錢與我們之間的關係，我們如何渴望一件東西，如何去實現它。要記得，我們是深深地被愛著的，所以，我們值得擁有我們想要的一切。

第三章　掌握財富密碼，和金錢做朋友

> **有效練習**
>
> 　　拿出一張紙鈔，對它表達：敞開接受一切。金錢是對自己愛的表達，今天一整天把這張紙鈔放在口袋裡，時常摸摸它，感受它流動的金色能量。

# 第二節 找到制約我們變富有的財富瓶頸

在追求財富的道路上，我們常常會遇到一些難以踰越的障礙，這些障礙我們稱為「財富瓶頸」。它們可能是內在的恐懼、錯誤的信念、不良的財務習慣，或者是對金錢的負面觀念。我們需要正視這些財富瓶頸，找到解鎖富有的祕密，讓財富在我們的生活中自由流動。

## 一、消除金錢的羞愧感

為了讓我們獲取財富的道路更加順暢，我們必須找到制約我們變富裕的財富瓶頸。

例如：相信「金錢是萬惡之源」；認為自己不值得擁有財富或成功；過度消費和衝動購物；對失敗的恐懼導致逃避冒險，從而錯失投資和創業的機會；對金錢的貪婪、焦慮或厭惡影響個人的財務決策；自我限制的行為模式等。這些瓶頸制約著我們變得富有，限制了我們實現財務自由的可能性。

財富並不是一種稀有資源，而是在正確的時間、正確的地方，以正確的方式去追求的結果。讓我們一起踏上這段突

## 第三章　掌握財富密碼，和金錢做朋友

破財富瓶頸的旅程，解鎖富有的祕密，開啟屬於你的財富之門。

有一位同學分享，小時候父母對於她的零用錢管得很嚴，但小孩子總是嘴饞，所以零用錢不夠時就去偷錢，偷父母的錢、鄰居的錢，還偷媽媽辦公室的錢。當時，她偷錢就只是為了買零食。現在，一想起這件事就會覺得自己是壞孩子，覺得自己特別過分。這麼多年她一直為這些事情自責、慚愧及內疚，隨時想起來都會湧上不好的感受。

對於這位同學來說這是一個很深的黑洞，巨大的羞恥感成了她獲取財富的夢魘，讓她覺得自己是一個不值得富足的人。這是藏在我們心裡的一種負擔，正因為我們心中存在這種負擔，所以我們的自我價值感十分低落，甚至於不接納自己嘴饞的樣子，這些都來自小時候的未滿足感。

當自己心裡有一些小小的渴望得不到滿足的時候，長大後可能更是一味地壓抑、評判自己，認為自己不配得到最好的。

賈伯斯的父親從小就教會他要滿足自己的渴望。賈伯斯的父親是一位工程師，他會花 50 美元買廢棄的破車，花幾個星期修理後，再以 250 美元的價格賣出去，這樣透過自己的雙手賺取一定的差價。因此，賈伯斯從小就耳濡目染，想要什麼都可以憑藉自己的雙手去創造。賈伯斯讀小學的時候，

## 第二節　找到制約我們變富有的財富瓶頸

老師為大家安排了一個手工作業，要完成這個作業需要一些零件，這些零件只有惠普公司才有，小賈伯斯找到惠普公司老闆的電話，他打電話過去，期望對方能為自己提供免費的零件。老師知道這件事之後責怪小賈伯斯投機取巧，沒有認真對待這個作業，賈伯斯的父親對此非常不滿，並與老師理論了一番，認為老師在抑制賈伯斯的創造力。

賈伯斯很幸運，他有一個很在意他的需求的父親。這使得賈伯斯很能接納自己的需求和欲望。很多時候我們不能接納自己的需求和欲望，只是一味地壓制和克制自己的需求和欲望，也就根本無法進入創造的管道，只會陷入自我評判之中。

和那位同學一樣，我小時候也做過偷拿錢的事情。我拿過父母的錢，拿過幫別人做事情的錢，晚上會自責到睡不著覺。我蜷縮在被窩裡，覺得自己是個壞孩子，壞孩子不值得獲得豐厚的金錢，此刻我會產生很大的分裂感。

30歲以後，我開始慢慢地去面對這一切，覺得這種事情實在是太令人羞愧了，我躲在被子裡說不出話來。羞愧感和罪惡感讓我感到窒息。後來，在一次課程中要做祕密的分享，當時我認為這是我心底最深的祕密，不願意讓別人知道。但我還是分享了，在那次分享過後，這個夢魘才從我生命中逐漸消失，我才不再繼續用自責這把尖刀不停地戳自己。

### 第三章 掌握財富密碼，和金錢做朋友

因此我們需要清理對金錢的羞愧感。我們需要覺察一下自己在哪些方面對金錢有羞愧感，不管是之前做過的錯事還是社會的約束，都會影響我們的情緒，以至於成為阻礙我們創造財富的藉口。我們需要看清曾經的錯誤，及時原諒自己，時刻誠實地面對自己，如實如是，金錢會主動靠近我們。

## 二、不要囿於限制性的信念系統

很多人覺得只要更努力，做更多的事情就能夠賺到更多的錢，於是陷入窮忙的陷阱裡面無法自拔，因為過於努力，願意比別人承擔更多的工作，最後把自己累到心力交瘁，也沒有賺到更多的錢。所以想要賺到更多的錢，首先要擺脫一個陷阱，這個陷阱是：怪自己不夠努力，不夠聰明。這個陷阱消耗了我們特別多的心力和時間，並限制住了我們的大腦，讓我們沒有精力去思考別的事情。

的確，很多人見到金錢就會在它身上加諸很多的信念，比如賺錢很難、賺錢的途徑不清晰、賺錢只能靠做生意或從政等。你要真切地看到自己還有哪些限制性的信念，哪些限制性信念在阻斷你和金錢之間的連結。就好比，如果金錢幻化成一個美女或者帥哥，你沒辦法和她／他在一起，你們之間隔了層層的高牆，而這些全部是你的信念。從今天起，我們要用一種真正平等的眼光去看待金錢。

第二節　找到制約我們變富有的財富瓶頸

致富的祕訣有很多,首先要辨認出自己心中對金錢的限制性信念。如果自己覺得會受到阻礙,不能夠無限地擴張,那麼就很難擁有巨大的財富。試著想一想,如果讓軟體業老闆去開餐廳,他的才華可能就會被那些毫無意義的工作給困住,並不是說開餐廳不賺錢,而是開一萬家餐廳,也不如現在賺錢。要想賺到更多的錢,一定不要去碰「讓自己不享受還很費力」的事情,因為這種事情會困住一個人的思維和想法。

## 三、理性對待收入與支出

金錢有進、出兩個通道,金錢流進來是收入,流出去是支出。「財富的累積需要智慧和耐心,而財富的支出需要智慧和謹慎」。在我們平時的生活中,對於金錢,無論是收入還是支出,如果存在未被覺察、不理性的黑暗慣性通道,或者明知道這是不好的消費習慣,但由於不敢面對,被動地縱容了自己,那麼你在財富上就是卡住的,最後金錢會變成一個讓你覺醒的強制按鈕。

那麼黑暗慣性通道都有哪些呢?

### 1. 第一個黑暗通道:收入的黑暗慣性通道

如果自己只習慣於某種單一的收入模式,當自己希望增加自己的收入時,就會發現擴張的途徑非常有限。這時候如

## 第三章 掌握財富密碼，和金錢做朋友

果我們覺得只能靠借錢、信用卡換現、貸款或者變賣自己現有的東西換取金錢，那麼，我們的思想就會被困在這些管道裡面，因為這些管道都是黑暗慣性通道。

如果我們能好好利用自己的頭腦，根據自己所擅長的技能、優點去做事，那麼就會很順利，無論是錢、物、資源還是相關人員，都會自然而然地來到你身邊。如果不是這樣，就說明這些金錢的確不屬於你。

在這裡，我來回答三個問題。

問題一：銀行打電話到家裡或者公司裡催債，怎麼辦？

銀行第一個月一般不會打電話催款，要超過3個月，你有了一次不良記錄後，銀行才會打電話催帳。這裡有一個很有意思的現象，比如，25日還款，一般從月初開始你就擔心沒有錢還給銀行。在這個過程中你的注意力一直放在對未來的擔心上，所以你就沒有辦法獲得這筆錢。解決的辦法是什麼呢？比如，你用信用卡換現20萬元，你很清楚自己需要20萬元現金。首先，不要逃避，告訴自己我非常不享受因為這樣的事情而糾結，不想再為這件事情有任何恐懼、擔心或焦慮。然後我們要學會釋放，並且透過「不想要」看到自己「想要」什麼。當你這樣做完之後，把這件事情放下，讓自己回歸平和之中。當你回到這樣的狀態時，你會發現你不再因此而感到焦慮，你的注意力轉移到賺錢這件事情上了，因此

## 第二節　找到制約我們變富有的財富瓶頸

你就能很快還清這筆債務。

不要陷在對債務的背負裡，背負是一件非常消耗精神的事情，會讓自己在一段時間內形成「短視」，更加無法解決問題。所以，要先堵住這些黑暗入口，以後不要再去借錢還錢，也不要花不屬於自己的錢。當你花了不屬於自己的錢時，因為知道要還，所以一開始就會感到緊張和壓力，而這份緊張和壓力就讓你更加沒有辦法獲得金錢。

問題二：借錢投資或者是借錢做生意，全部是黑暗入口嗎？

如果是屬於我們的最大利益，那就不需要去借錢。如果需要借錢去做生意或者投資，那都不是我們的最大利益，這就是黑暗入口。當我們借錢投資時，我們可能會一直想「我可以賺錢嗎？」或是「我能還得起這筆借款嗎？」這會一直占用我們的認知資源，導致我們沒辦法全神貫注地去做我們真正想要做的事，失敗的機率也就大幅上升。

問題三：關於別人欠你錢。

還有一個黑暗入口就是關於別人欠我們的錢，到底要不要去催債。

如果我們去找對方要錢而他沒有還給我們，那就要看一下自己的內在是否有怨懟。如果有，那我們需要進行分析，覺得是自己的平和比較重要，還是錢更重要？在兩者之間做

第三章　掌握財富密碼，和金錢做朋友

出取捨。很多時候我們是輸紅了眼，情感上如此，金錢上也是如此，總想拿回成本，但是這會讓我們輸掉更多。關注別人欠我們的錢會對我們造成更多的黑暗通道，但我並不會幫大家做決定，只是提醒大家關注自己的狀態，要時刻保持和平喜悅的狀態。如果要錢讓我們感覺到和平、喜悅，那就去要。

我們要相信如果有本事借出去 20 萬元，那就一定有本事賺 200 萬元。可以確定的是，借錢給別人是一個絕對的黑暗通道，因此盡量不要借錢給他人，即便是自己的親人、朋友。因為當我們盯著借給別人錢這件事情時，我們就再也無法看到別的風景。如果已經借出去了，那就把對方能夠還錢當作一個意外的驚喜，而不是確定的事情。

## 2. 第二個黑暗通路：支出的黑暗慣性通道

我們需要明白一個道理，錢是為了讓我們開心，我們值得這些金錢，也值得獲得開心。當我們時刻記得這句話的時候，我們就不會再把錢給別人。

有時候，我們成長的環境為我們戴上了一些枷鎖，讓我們在生命裡有一種「當好人」的模式。有很多人不捨得把錢花在自己身上，而是把錢花在別人的身上，因為小時候金錢資源的匱乏讓他長大後也陷入對金錢的自卑感之中。因此我就

## 第二節　找到制約我們變富有的財富瓶頸

直截了當地告訴他:「你是值得讓金錢來滋養你的。」

我為我父母買了房子和車子,有人就覺得我是在為別人花錢。其實我不僅是為我父母買的,也是為自己開心買的,身為子女,能夠透過自己的創造為父母帶來快樂,這種巨大的價值感超越我為自己買一間房產。有一種快樂是帶給他人快樂,有一種價值是替你愛的人實現夢想。這不單單是簡單的快樂,還是人生自我實現複合意義的呈現。

父母看到我要為他們買房子、車子非常開心,他們的開心讓我感覺很好。如果我想為父母做什麼,為好朋友做什麼,在那個當下我就會去做。

去年過生日的時候我收到很多禮物,每一份禮物都飽含深情。那個當下我就很想為好朋友們做點什麼,所以就請人用高品質的翡翠和寶石做了七個一模一樣的蜻蜓胸針作為我們的信物。設計師以為我要拿去賣,當他知道我訂製如此貴重的禮物是送給閨密做信物時,既訝異又感動。我說,是因為她們用心對我,所以我也用心對她們,做這件事讓我心裡很踏實,也很溫暖。

「當你將金錢用於成長和啟發時,它將會更快地以更大的數量返回你」。所以,我們在每個當下都把心裡想做的事做好,但不是為了補償,也不是出於犧牲,更不是一種交易,而是讓我們花的每一分錢都可以為自己帶來槓桿式的迴流。

第三章　掌握財富密碼,和金錢做朋友

> **有效練習**
>
> 　　今天看到任何事物都透過金錢去感受它,也去感受金錢的價值,同時看到金色的愛之流在彼此間的流動。

# 第三節　金錢具有流動性：吸引更多的金錢湧向你

　　生命在於運動，金錢在於流動。一個生命體如果能夠與很多的人產生連結，他的存在能夠影響到很多的人，那麼他這個生命體的能量就能夠流向更多人，從外顯的層面來看，就會有更多人的能量流向他。而作為人與人之間的社交媒介——金錢，就會源源不絕地湧向他。

## 一、如何感受金錢的流動

　　金錢只是一個載體，猶如一條河流。這條河流可以帶著你去很多地方。如何與這條河流很好地共處？要有自己的水庫、海洋，或者湖泊，還要讓自己的水域流動起來。這樣，我們的水域才會豐沛浩瀚。一個人只有參與到金錢的整個流動之中，才有機會見識金錢的洪流。

　　既然財富的本質是流動，那麼當一個人對金錢的態度很慷慨的時候，人生就會很富足；當一個人對金錢的態度很吝嗇的時候，人生就會很匱乏。當我們處於正向財富的金錢流中時，我們不會為物質而感到焦慮，因為我們相信萬物能為

## 第三章　掌握財富密碼，和金錢做朋友

我們所用，我們能創造更多的東西、更大的財富，內心因此會感到滿足和喜悅。此時，我們能夠清晰地感受到時間的流逝變得緩慢而充實，我們不再焦慮和擔憂，而是全心全意投入工作中，發揮自己的技能和才華，輕鬆地取得優異的成績。

> 一個人只有參與進金錢的整個流動中，才有可能見識金錢的洪流

這種狀態就像是在玩一個遊戲，不斷地透過各種關卡，獲得豐厚的獎勵和道具。這個過程會讓我們感到興奮和愉悅，對任何人來說，不斷地進步和成長都是一份很大的鼓勵。同樣地，身處正向的金錢流中，我們也會感到興奮和愉悅，因為我們在不斷地取得正向的結果和實現自己的價值。

第三節　金錢具有流動性：吸引更多的金錢湧向你

## 二、如何讓金錢流向自己

「金錢如河流，只有順暢地流淌，才能滋潤大地。」有的人看起來與世無爭，對金錢的態度很淡然，但實際上卻賺到了很多錢。金錢的本質是流通。當一個人的思想能夠影響很多人，他的思想能夠流向更多人，那麼他就更容易賺到錢。

### 1. 清理「金錢受限」的信念

何謂「金錢受限」的信念？由於社會的規範和家庭的耳濡目染，面對金錢時，我們可能對金錢有自卑感，認為金錢是罪惡的。同時「寧可餓死，也不接受施捨」的觀念，也早在我們的生命中生根發芽。因此，我們的潛意識就會用我們想不到的方式隔離金錢，來保障我們自認為的純淨和高尚。這些信念像一堵堵圍牆一樣，將我們與金錢隔離，我們趕走、我們抗拒、我們害怕，雖然金錢一直都在，但和我們並不同調。

如何成功釋放「金錢受限」的信念呢？

有一名學員是做業務的，每月的收入依賴於銷售業績。自從跟隨自我實現心理學系統學習後，她幾乎月月都是業績冠軍，而且她的成交都是輕鬆不費力地達成的。因為她每天跟隨課程，浸泡在黃金生態圈中，每時每刻都在關注自己的能量狀態，她知道這是顯化很重要的一環。她每天按照自己

## 第三章　掌握財富密碼，和金錢做朋友

　　喜歡的方式持續清理，讓自己處在和平喜悅的狀態。她每天做金錢的五行能量清理法，跟隨課程收聽冥想。在每次接待客戶之前，她還會單獨拿出時間跟隨音檔做一個顯化冥想。在冥想中，她非常清楚自己想要達成的是：顧客了解產品後，我報價，他刷卡，就是這麼輕鬆。這樣的冥想能量調頻，總是能夠讓她輕鬆拿下訂單，而且顧客也非常滿意。

　　我們要做一個冥想練習，看到自己有哪些不要的，以及看到自己有哪些關於金錢的限制。在這樣的覺察過程中，限制性信念猶如被一面照妖鏡全方位映照，無處躲藏。否則，有的時候我們會覺得這樣可以，那樣也可以，就會有所隱藏。

　　用金錢去評估自己的價值，等於把自己無限浩瀚的生命能量塞入了金錢這個有限的載體中，不自覺就會陷入金錢受限的陷阱。我們要還給自己在金錢上的自由，釋放所有關於金錢的束縛與受限，堅信自己是無限的，願意看見並打破所有的束縛。這樣，我們就勇於面對自己信念上關於金錢的束縛，看到並釋放這些受限的思想和信念，坦然地接受金錢的祝福，肯定自己值得這一切。

　　今天我們跳脫出這個束縛，改變自己的認知，並覺知到金錢能量本身就是純淨的，邀請金錢來到我們的生活中，和我們共振，我們與金錢的關係才會變得友善，我們才能獲得更多的金錢。

第三節　金錢具有流動性：吸引更多的金錢湧向你

## 2. 提升認知，允許一切發生

既然金錢是流動的能量，要想賺錢，首先要了解金錢流動的規律。與「水往低處流」的規律相反，錢往高處走，也就是流向上層。所以，大約5%的人掌控了世界上大約95%的財富。在這條流動的路徑上，我們如何做才能讓錢流向自己呢？那就是提高自己的認知。錢往高處走，你認知高，錢就流向你；你認知低，錢就從你身邊流走。

其次，要允許一切發生。試著去接納一些自己不認同，或者超出自己認知範圍的事物，從見識上讓自己不設限。比如，我有很多同學特別富有，有個同學直接包下了某飯店的一層樓，每次宴請賓客的時候都喜歡跟大家介紹有哪些明星和業界大咖在這裡吃過飯。雖然我們可能暫時達不到這樣的高度，但是允許自己去接受，並且去看到，就有可能提升認知。因為在交流的過程中可以看到他的認知，並從中學到很多東西。他對葡萄酒如數家珍，而我對葡萄酒研究不多，聽他介紹這麼多好葡萄酒，而且可以品嘗到，我也覺得很有趣。

所以，當我們不去抗拒外在的世界，所有的豐盛都會流向我們，我們不要批判，只是去體驗每個當下好玩的部分。

## 3. 聽從內心：順流助你走得更遠

稻盛和夫說：宇宙進化中有一種讓一切更加美好，使一切進化發展的力量，這就是宇宙意識。要想人生獲得成功和繁榮，就必須遵循宇宙意志說產生的趨勢，如果背離該意志，那麼結果必然是衰落和失敗。而錢就是為這種意志服務的。

在我們的生命中，有一條看不見的線，這條線將我們的經歷分為兩個不同的領域。線上的上方，我們體驗到的是喜悅與平靜，所有的事情都顯得輕鬆自如，財富也像流水般自然而然地到來。而線上的下方，我們感受到的是混亂與焦慮，這些情緒像一道厚重的牆，使我們的生活充滿了不和諧。

當我們處於順流時，我們的生活方式是健康的，心情是愉悅的，整個人都是向上的、生機勃發的，此時，我們與金錢的共振程度很高，我們在心態上也會更自信、更放鬆；而當我們處於逆流時，我們則可能會製造出一些懲罰，甚至為自己帶來一些疾病，逆流的金錢不會給我們帶來很大的益處。

我們要覺知自己是否處於順流之中，處於順流中，金錢就會從四面八方向我們奔來。所以要隨時審視自己究竟處於順流還是逆流。

第三節　金錢具有流動性：吸引更多的金錢湧向你

## 三、如何讓自己處於順流之中

這個故事或許可以讓我們知道處於順流中是一種什麼樣的感受。

我的一名學員，從曾經負債100多萬元，到實現無債一身輕的目標，再到後來在都市的繁華地段買了自己的房子，這一系列事件的發生都是在順流中一步步顯化的。

這名學員的先生的公司曾經受到過重創，他們一下子背上了數百萬元的債務。夫妻倆節衣縮食，還要面對銀行的各種催債，一時間沒有任何收入進帳，每天都處在恐懼和焦慮中。

朋友介紹她參加我們的線上課，她就好像是抓到了救命稻草一樣，雖然面對現實還是會有壓力，但是內心可以有些許的平靜。她聽到課程中說「做你當下能做的」，她發現自己當下什麼也做不了，但是她可以去跑步，去晒太陽，去聽課，於是她就持續讓自己做這些清理的功課，風雨無阻。她還把在課程中學習到的跟先生分享，夫妻二人逐一列出欠款，真實地去面對，不逃避、不抗拒。

有一次，她在課程中聽到其他學員分享，輕鬆賣掉了一間價值上千萬元的房子，而這個價格令房仲都感到詫異，他們覺得當時的房市行情是不可能以這麼高的價格出售的。她想到自己家最快還清債務時，就是賣掉了一套閒置的房子，而那套房

## 第三章　掌握財富密碼，和金錢做朋友

子已經放在售屋網上 3 年都沒有任何音訊。當時，她打電話給房屋仲介說，可不可以把這套房子刊登資訊中的聯絡電話從先生的電話號碼改成自己的？房仲說可以改，但是要等到第二天才能生效。結果第二天她就接到房仲打來的電話，告訴她有人要買這間房子，而且願意付她出售的價格。就這樣，房子在很短的時間內賣掉了，他們也還清了所有債務。

她知道這就是順流，於是她持續上課，持續每天清理，持續讓自己落腳在喜悅的能量中。在這種順流的能量中，不僅自己的狀態很棒，而且先生的公司也增加了新的案件，開始有更多收入進帳。很快，他們在城市的核心地段又買了非常心儀的房子。

### 1. 首先，我們要找準自己的人生目標，時刻朝著人生目標行進

這些目標可以幫助我們更加專注、更加有目的性地行動，同時它也會指引我們、牽引我們往更加舒適和開心的方向前進。當我們確立自己的目標，並堅定不移地執行時，我們的內心會變得更加堅定和開放，整個人也會變得更加優雅和自信。

## 第三節　金錢具有流動性：吸引更多的金錢湧向你

### 2. 其次，我們要保持積極樂觀的態度，關注正向的事物

時刻保持清醒的頭腦，專注於眼前的問題，主動面對生活中的挑戰和機會，堅信自己有能力克服困難並取得成功，負面情緒會削弱我們的動力與信心，因此不要讓自己陷入焦慮、煩惱等負面情緒之中，避免負面情緒所帶來的負面影響。

### 3. 最後，建立起自己的黃金生態圈

我們要關注他人的需求，並無私地為他人付出，幫助他人解決問題。當我們幫助他人時，我們不僅在散發自己的愛心，其實也在為自己累積福報。而這種福報可能以各種形式回饋我們，包括增強幸福感、減少困難和增加機會。做善事不僅對他人產生了正面的影響，同時也是對自己內心世界的一種正向的投資。這種投資可以幫助我們在面對挑戰和困難時保持堅強和樂觀，同時也可以為我們帶來更多的喜悅和滿足感。

不僅如此，多做利他之事還能讓我們與家人、朋友以及所有接受自己愛心的人建立起良好的關係。如此，當我們處於困境之中時，就會有意想不到的人幫助我們度過困難、走出困境，將我們自然而然地帶回順流之中。

## 第三章 掌握財富密碼,和金錢做朋友

金錢的能量是在「無形 —— 有形 —— 無形」的狀態中不斷轉化的。它既可以呈現於意識的感知中,也可以呈現於情緒以及能量的轉化之中,還可以具象化地呈現於生活的物質層面。

根據吸引力法則,任何物質都會因為我們思想信念的聚合和消散改變流動的方向,金錢亦是如此。讓我們變得有錢的財富管道有千百種的可能性,但我們需要改變認知,主動拋棄老舊觀念,敞開自己的內心並且一心向好,這樣金錢就會以它喜歡的、自由的方式靠近我們,向我們飛奔而來。

> **有效練習**
>
> 今天只關注自己所有能夠接觸到的財富管道,不帶評判,只是記錄,把自己有感覺的財富管道全部寫下來。

## 第四節　對金錢說「是」：
### 做自己喜歡的工作和事情

在追求財富的過程中，我們常常陷入金錢的驅動中，而忽略了內心的真正追求。此時，要告訴自己，我們的酬賞限於我們的熱愛。看到心中所愛，當我們真心喜歡做一件事時，我們是積極向上的，不會耗費額外的精力，這樣全世界都會來助力，但若我們只是為了賺錢才做，並非真心所愛，那就不一樣了。《力量》這本書告訴我們：「你不是根據你的工作或時間來獲得酬賞，而是依據你熱愛的程度。」

### 一、看到自己心中所愛，並跟隨自己的內心

我們內在的熱情與我們與生俱來的天賦有關，讓我們能夠不斷釋放出自己內在潛藏的無限能力。我們應該更大程度地感受到自己真正的熱愛，並且允許自己跟隨這份熱愛的指引。可能有人會感到疑惑：「我知道這些道理，可是我應該怎麼尋找自己真正喜歡的事呢？」我們可以去感受一下做什麼事情的時候會充滿熱情，能夠感受到極大的樂趣，有享受的感覺，在做什麼事情的時候我們毫不費力並且能夠獲得很多讚譽，做什麼事情感覺最好，那麼這件事情就是我們的天賦

## 第三章　掌握財富密碼，和金錢做朋友

才華，把我們的天賦才華發揮到極致，這些天賦和才華自然會引領著我們奔向更遠的地方。

我們只有發揮出自己的天賦才華才會更加滿足，如果我們一直按照規則標準去活，按照別人的期望去活，那麼我們都是活成別人期望我們活成的樣子，而不是自己內心真正渴望的，到時候就會感受到強烈的強迫感，內心會感到無比的壓抑。就如印度電影《我和我的冠軍女兒》(Dangal)中所描述的，男主角是印度摔跤冠軍，很希望生個兒子去完成他的夢想──成為世界冠軍，但是卻一連生了四個女兒。有一天爸爸發現兩個女兒打架很厲害，突然轉念要開始培養兩個女兒。表面上看她們是被強迫的，不能和同齡的孩子玩，不能留長髮，不能隨意吃東西，但實際上是爸爸發現了她們的天賦，後來大女兒成了世界冠軍，二女兒成了印度冠軍。

在我們的生命中，要非常感謝那些幫我們發現天賦才華的人。我小時候結巴，沒有人認為我將來會演講，會唱歌，會用聲音影響別人。但是我自己知道，我從小就非常喜歡文學的精準和優美。我有一個天賦，就是發現美，對美很敏感。

大多數人都不會聊我們的天賦是什麼，而是只說我們應該做什麼，因為多數人都會跟隨世俗的價值觀，但只有跟隨內心真正的指引，我們才會輕輕鬆鬆地獲得成就。

第四節　對金錢說「是」：做自己喜歡的工作和事情

　　我們真正喜歡做什麼？擅長做什麼？做什麼是毫不費力的？這是我們一生都要問自己的問題，就像知識的互通一樣，當我們允許自己跟隨自己的天賦才華時，就會發現，這個天賦才華可能連結著其他的天賦才華，天賦才華會彼此連線，不斷生長，讓我們在這個領域內越耕越深。

　　我們需要看看自己喜歡做什麼，生命的激情和熱情在哪裡？從小到大我們有些什麼樣的想法？還有哪些夢想是沒有實現的？當我們發現這股力量後，天賦才華變現就只是一條路徑，變現就開始變得十分簡單！

## 二、透過「偶像」找尋自己

　　人的神奇之處就在於獨特性，獨特性讓我們每個人都不同，因此每個人所擅長的東西也是不同的，很多人認為自己沒有優點，其實不是的，我們只是忽略了自己的優點，我們的不自信將我們的優點在眼前隱藏了起來。不過不用擔心，因為這是我們本來就會的東西，現在只是需要重新找到它，並喚醒它。

　　有時候我們可能會比較沉悶，比較不自信，這個時候我們就會懷疑自我價值，實際上，這樣更加不利於我們對自信心以及自我價值的建構，我們要隨時保持積極向上，這樣我們的想像力、創造力才會變得更加豐富。當我們的心情處於

## 第三章　掌握財富密碼，和金錢做朋友

谷底，這份創造力就會逐漸減弱，這種狀態不利於我們學習與發展新技能。

心情沉悶或許是因為在短時間內我們有著很大的失落與失望，在過往的人生裡並不清楚自己要什麼、想成為什麼樣的人。當我們想要一些東西的時候，總是會遭到打擊或者最終沒有得到，我們的希望就會一點點地破滅。

我們沒有必要羨慕別人，也不要覺得跟任何人有很大差距。我們認真地去看、去思考我們喜歡什麼樣的人，喜歡他身上的什麼特質。因為我們清楚，他身上這部分就是我們想活出的自己的一部分。

我很欣賞蔣勳老師的關於人性的悲憫和慈悲，在他眼裡沒有壞人，他總是能看到每個人身上獨特的美好特質。這些都是蔣勳老師身上觸動我的特質，所以我就用「乾坤大挪移」法去共振蔣勳老師的能量，共振他的呈現，把他的特質共振到自己身上，讓自己也擁有一份這樣豐富的彰顯。

並且他也是我現階段走藝術和人文學習之路上最大的指引，這就是「乾坤大挪移」的力量，我不會把任何力量向外推，不會嫉妒別人，不會想為什麼別人有我沒有，而是向內共振。

我們在生命的各個階段都會遇到讓自己觸動很深的人，不僅是人，還有讓我們觸動的事情，當我們遇到任何自己喜

## 第四節　對金錢說「是」：做自己喜歡的工作和事情

歡的、有感覺的人,都可以去共振對方身上吸引我們的那個點,實現能量的「乾坤大挪移」。

在這種狀態下,我們不會嫉妒任何人,而是會感謝他們出現在我們的生命中,感謝他們激發出我們的潛能,讓我們看到自己也可以活出美好的狀態,同時我們也能對自我實現的定義更加豐富。

我也很欣賞賈伯斯,他說:「不要讓別人意見的噪音淹沒你內心的聲音,你的心和直覺知道你真正想要什麼,去傾聽它們。」他是一個思想非常獨立的人,不太受外界影響,別人說什麼不重要,重要的是他自己是怎麼認為的,我很欣賞他這份靈魂的獨立與自信。他在設計產品的過程中顯現出的內心力量讓我讚嘆,看到他就是一個真正活出自己的人,我就會在工作中向他學習。還有席琳‧狄翁(Celine Dion),我很清楚她有吸引我的特質,我允許自己去了解、學習她的思想。席琳‧狄翁對自己的天賦有一份很深的信任,她也是一個信仰愛的人,她和她先生之間有著一份很深厚的愛。她在她先生的葬禮上唱的那3首歌,每一首都能讓人被她那種深情和超越的力量給觸動,讓人聽得淚流滿面。我們不會輕易喜歡一個人,如果我們喜歡某個人,那是因為我們身上也有這份相似的特質。

請相信你自己一定有這樣的潛力,否則你在心理上只會

第三章　掌握財富密碼，和金錢做朋友

感覺到遙不可及。所以，我們要允許自己使用「乾坤大挪移」的方法，我們不要總是覺得一些事情跟我們沒有關係，不要覺得自卑或者羨慕別人，因為我們知道，他們可以，我們也可以。

## 三、做自己喜歡的事

很多時候當我們去做自己喜歡做的事時，我們心中可能會充滿很多擔心、顧慮和恐懼，因為我們看不到做喜歡的事的結果，這種未知的結果帶給我們的是不確定性。但是當我們在做自己喜歡做的事時，我們的快樂、和平以及每個當下的放鬆和喜悅，跟我們是合一的。此刻我們知道自己跟隨了自己的心，我們知道自己的內外在這個點上是合一狀態，這會讓我們感受到自由且自信。

當我們做自己喜歡做的事情，我們發現自己就是這麼值得，沒有委屈自己，我們會真正去提升自己的價值感。當我們做不喜歡做的事情，但為了達成某個目的時，你會發現自己很不值得，因為目的更重要，且最重要的人不是你。

在我生命中，有件事一直讓我非常感恩：我能夠暫時放下自己當時看起來非常熱愛的心理學，遠離心理學圈 3 年。因為我在那個圈子裡已經十多年了，我覺得自己得到了很大的成長，但同時我也處在一種禁錮中。我不知道綁住我的是

## 第四節　對金錢說「是」：做自己喜歡的工作和事情

什麼，但始終覺得我在那個圈子裡已經沒有快樂了，很多事情好像都是「必須這樣做」或「應該那樣做」。我回家鄉過年時，看到一塊石頭，它是如此的晶瑩皎潔、乾淨透亮。我突然好像在那塊石頭上看到了自己的初心。我覺得離開家鄉去大城市這十幾年時間，唯一不變的就是自己的心，這塊石頭就像巴拉格宗的明月一樣，一直保持著那份純粹、清透、潔白。我看到它時就心動不已。我以前從來沒有做過任何和珠寶相關的工作，我不知道做這件事情會為我帶來什麼。當時，我最大的困擾來自我承諾這一生都要待在心理學領域。我覺得這是我的承諾，所以一直非常執著，但那個時候我真的不快樂。後來很長一段時間，我一直在問自己：我到底喜歡什麼？我發現我連續三個月都放不下那塊石頭，就像歌曲〈傳奇〉裡面所唱的那樣，「只是因為在人群中多看了你一眼」，你就走進了我的心裡，那種感覺就像熱戀一樣。最終我就決定，既然放不下，那就拿起來吧；既然捨不得，那就去實現它吧！

　　以前，我一直走在證明自己、拯救自己的道路上，但是看到這塊石頭，我就心生喜愛；不知道這塊石頭會把我引領到何處，但是就是心心念念放不下。因此，我就跟隨這份喜悅，開始做珠寶設計工作。正因為這份工作，吸引來了很多可愛的孩子。

## 第三章　掌握財富密碼，和金錢做朋友

我在那一年的時間裡，笑得比我前面三十幾年加起來還多，每天都很開心，每天都在不停地笑，也不知道為什麼有那麼多好笑的事情，就是特別特別高興。而這份快樂、這份熱愛就把我帶向了全新的人生。

我們每個人都值得活出自己生命中所有的喜愛。以前的那個我覺得自己很受限、受困，覺得自己並不喜歡。但我並不屈服，也不聽話，我一直在努力追尋自己真正想做的事情，隨著我想做的事情的指引，我發現獲得了更多。

堅持做自己喜歡的事情，多美好啊，想像一下，充滿動力的自己，專一而執著，這才是我們想要的生活。想像一下，一個充滿動力的自己，每天醒來都充滿期待地迎接新的一天。不再是因為工作的壓力或他人的期望，而是因為內心的激情和對自己喜歡做的事情的渴望。正如約翰·藍儂（John Lennon）所說：「做自己喜歡的事，就不算浪費時間，因為你享受這個過程。」只有當我們做自己真正喜歡的事情時，我們才能真正享受過程，不再覺得時間被浪費。因為我們知道，我們正在追隨自己的激情，實現自己的夢想。

第四節　對金錢說「是」：做自己喜歡的工作和事情

> **有效練習**
>
> 　　準備 10 個小福袋，在裡面裝進自己覺得平和的金錢數量，不帶任何評判與期待地發給身邊熟悉或不熟悉的人，雙手遞到對方的手上，看著對方的眼睛說：我是富足的，你也是！今天，給自己金色的愛之流，去感受自己無限浩瀚的富足的能量，在所有的交流互動中，透過「給出去」覺察及擴展自己的能量。

第三章　掌握財富密碼，和金錢做朋友

# 第四章　獲取健康的關鍵：
## 　　　　保持溝通通暢

我們要學會與身體溝通，更深刻地覺察身體的需求，不評判、不攻擊、不指責、不壓抑、不放縱，讓身體處於舒適健康的狀態之中。當我們心情愉悅、積極向上時，我們的身心狀態會更加健康，也會更容易吸引正能量和好運。

第四章　獲取健康的關鍵：保持溝通通暢

## 第一節　身心健康的第一步，在於接納自己的身體

保羅・科埃略（Paulo Coelho）曾說：「每個人都是獨一無二的，就像每顆星都發出獨特的光芒。」每一個人都有著自己獨特的美，無關體形和相貌，都有著自己的價值。當我們產生自我懷疑念頭的時候，我們需要了解自己，看到自己的優點，進而放大自己的優點，我們已經擁有了一切，我們就是最美好的，我們值得最美好的。

### 一、產生自我懷疑的常見原因

當我們不再懷疑自己，全然做自己的時候，我們身上獨一無二的光芒就會散發出來。

#### 1. 社交媒體影響了人對外形的認知

很多人透過社交平臺展示自己的外貌，並接受他人的評價和回饋。一些過度使用濾鏡和修圖軟體的人給人們造成了一種假象，讓人誤以為完美的外貌是常態，於是，與這些被加工過的形象相比，自己的外貌則顯得不夠出眾。因此，社交媒體的普及增加了我們對自己外貌的焦慮，也導致了我們

第一節　身心健康的第一步，在於接納自己的身體

對自己外貌的不自信，還可能會使我們遭到同樣的被社交平臺影響的外界的質疑。

## 2. 內在自我形象影響了自我價值觀

很多人的內在自我形象不夠完整，自我價值觀存在很多缺失，導致他們對自我形象的認知很單一。

舉個很普遍的例子，人們總是認為男人就得有錢、有本事，女人就得漂亮，又白又瘦又美。男人被分手，總是會責怪自己不夠強大，不夠有財力；女人感情受挫，總是會責怪自己皮膚不夠白皙，身材不夠火辣。

當一個人對自己沒有充分的了解，自我認知不夠清晰，就會依賴於外部評價，這樣非常影響建立自信。

## 3. 成長環境影響自尊心

在缺乏關懷和支持的成長環境中長大也會使得個人在外貌方面產生懷疑，難以建立強大的自尊心，從而產生惡性循環。

比如，父母不認可和不喜歡孩子的外形，經常打擊孩子，而在其他方面也沒有給予支持和鼓勵，孩子缺乏自我認同，影響自信。

第四章　獲取健康的關鍵：保持溝通通暢

4. 對自己身體不夠接納

當我們評判和這個世界最大的溝通工具——身體的時候，我們也在評判著這個世界。當我們不接受自己的身體時，我們在接收的道路上就會出現障礙。我們接收不到這個世界對我們的愛，我們會產生負面情緒，會覺得自己不值得、不相配，會覺得自己的身體不完美，會覺得有很多自己接受不了的醜陋的東西，甚至認為身體的需求也是負面的。

我很多年前上過一個課程，老師有個經典發問：

你們真的接受自己的身體嗎？

你們有照著鏡子仔仔細細撫摸自己身體的每一個部分嗎？

你們對自己每一根腳指頭都是喜愛的嗎？

我的一名學員跟隨自己的熱愛，在自己所在的城市開了一家瑜伽工作室。由於她非常努力和精進，每年都到世界各地跟隨瑜伽大師學習，不斷提升瑜伽工作室的服務內容和水準，經過幾年的發展取得了一些成績後，就被卡在了瓶頸中不能再有突破。

她曾找我做一對一深度連結，我發現她對自己的身體有一個很深的障礙點，就是她不接納自己性感的特質。其實無論是她的五官還是身材，都展現著歐美人性感的特質。但是，她以瑜伽修行者自居，一直在追求很仙氣、很優雅的形象，並且壓抑自己性感的呈現，導致身體裡的一些能量流通

第一節　身心健康的第一步，在於接納自己的身體

不暢。她看到並且承認自己有與生俱來的性感，而這個特質讓她的美可以呈現出更多的面相。當她開始接納自己的性感，生命的自由度便更加寬廣。

身體的自由度開啟了，她對瑜伽的理解也達到了更高的層次。她將呼吸練習融入瑜伽中，帶領全國各地的夥伴在呼吸和瑜伽的練習中獲得力量。

## 二、接納自己的身體

身體是屬於我們自己的，與我們朝夕相處，它跟我們非常親密。當我們愛自己的身體，與身體的關係越來越好時，我們的身體也會更加穩定與健康，我們也會更加自信。這也就是我們為什麼要從身體層面做自我接納。身體作為我們和這個世界最大的溝通工具，我們評判自己的身體，攻擊它、不接納它，都會傷害我們的身心健康。

很多人沒有全然接納自己的身體，直到得了重病要失去健康時，才後悔沒有和身體好好相處。但是，我們不需要等到生病的時候，當下就可以開始接納自己的身體：

### 1. 真正地愛和感恩自己的身體

我們需要和身體達成和解，真正地愛自己的身體，感恩自己的身體。

## 第四章　獲取健康的關鍵：保持溝通通暢

一顆卵子和一顆精子幸運地結合後，開始不斷地生長，280 天後，小天使脫離母體，來到人間。我們出生後，開始學習使用身體，建立自主意識，逐步接觸社會。現在一些看似很簡單的行為，我們都經過了非常複雜且漫長的，熟悉融合的過程。

這樣一個執著於成長的過程，值得我們為自己喝采，我們以感恩的心態面對自己的身體，感謝身體承載了我們的意識，就能愛惜身體，擁有健康。

### 2. 尊重自己的身體，去看看它有什麼樣的需求

我以前很不接納自己的身體，隨著我能夠抽離並跳脫出「小我」來看待這一切，我經常會被自己的身體感動到淚流滿面：我很感恩它一直沒有拋棄我，沒有因為受不了就把我丟下；感恩它信守承諾，承載著我無依的意識在人世間經歷這一切。現在，我也會去看我有哪些不接納自己的身體的地方，不接納的地方我不會停留在不接納中，而是去看它到底需要什麼。

我們的身體是值得被尊重和理解的，看一下自己的身體有哪些地方是不被接納的，我們為什麼不願意接納它，然後放下評判，和它達成和解，再看看它有哪些需求。

## 三、實現健康直達

為了不是很武斷地評判自己,我們需要再放下相關的抗拒,去實現健康的直達。

什麼是健康的直達?就是放下生命中所有的依賴和擔心。我經常會收到朋友們傳來給我的照片,我從照片裡看到他們的變化,我覺得太不可思議了,我會由衷地發出讚嘆:怎麼可以美成這樣。這一切來自一個核心,就是我們放下了對身體的擔心、控制和評判,真正地開始愛自己的身體,開始接受如它所是,不去攻擊它。

回到對身體的接納和溝通之中,有幾個層次,當我們不再攻擊自己的身體,而是去找尋自己真正的最佳的狀態會以什麼樣的方式呈現,其實就是培養一種生活習慣,更多的是在內在,給自己更多獨處的時間。我的獨處時間是固定的,每天早上十點半之前基本上不會有人打擾我,至少有兩個小時我是完全和自己在一起。晚上我也會給自己時間,不做什麼特別的事,就是在一種空的狀態裡,澆澆花,和我的貓玩,或者是聽一聽沒有歌詞的音樂,發一發呆,等等。這些都是找尋的過程,在這個過程中我們能發現自己最好的、最舒服的狀態是什麼樣子。

在我們和身體溝通的過程中,會發現我們的世界越來越廣闊,我們的愛好越來越多,我們喜歡的東西越來越多。我

## 第四章 獲取健康的關鍵：保持溝通通暢

們會發現有些東西只是階段性地陪伴自己，有些則會陪伴我們終生，於是，我們懂得了珍惜。我們會更大程度地發現健康的身體會讓我們維持著一定的敏銳度，會越來越多地放下牽絆，不再為身體擔心，也不會花費時間和精力去控制這一切，與身體的溝通也越來越多。

我們要放下幾個身體層面的抗爭：

### 1. 無名

無名就是沒有覺知到抗爭，總是莫名其妙地生氣，忍不住與他人理論。有一次我收到一條訊息，還沒看清楚內容就莫名其妙生氣了。我立刻覺知到，不能讓自己處於這種情緒之中。當時我在房間裡，正準備出去上課，於是就迅速起身在房間裡繞圈，我要回到自己的覺知裡。當我們對事情有抗爭的時候，要去覺察一下觸發我們底層情緒的原因是什麼。我走了幾圈之後，把自己從這件事情中抽離出來，大概兩三分鐘的時間就忘記了這件事。

上完課後，我才明白為什麼會因為這件事生氣。如果在沒有覺知的情況下生氣，或者透過與別人理論來證明自己，這代表內在有不安的情緒。如果發現自己在生氣，這是身體在提醒自己有些事情方向不太對。這時，就需要回到內在問自己：我要去的方向是哪裡？我的直覺是什麼？這時我們

就會迅速地回到自己的狀態，而不會掉入不好的情緒裡。否則，當我們掉入不好的情緒之後，就會進行無名的抗爭，甚至都不知道自己在抗爭什麼，只會浪費自己的精力。

但當我們轉身之後就會很清晰地發現自己要什麼，也會樹立起自己清晰的界限。我們的界限越清晰，做事情就會越簡單，我們的身體也會有更多的機會以及更大的空間來跟我們交流，讓我們的身體更加健康，同時也會形成更加牢固的界限來保護我們。

2. **對錯**

如果我們非常倔強，做事就會不夠圓融，身體的關節就容易出現問題。如果我的關節痛，我會馬上檢查一下我在生活中是否有很堅持的地方。以前我以為凡事都要堅持到底，但這樣的狀態並沒有讓我變好，反倒是關節給出了提醒。覺察一下自己的身體，如果關節有問題，就說明你當下可能太倔強了。

3. **背負**

許多人愛面子，但如果出於面子而背負一些事情，肩頸就不好，肩膀會變得很厚，因為背負了太多不應該背負的東西，整個身體都是彆扭的。有時候我們把責任看得太重了，

## 第四章　獲取健康的關鍵：保持溝通通暢

責任不是一份壓力，責任不過是你需要完成一些事情，重要的是你要允許這件事情自然生長，允許自己看到這個路徑，而不是自己拿來當作壓力背負著。介入第三者關係也是一種背負。在和身邊的人相處時，如果你總是替對方做決定，對方就不會有責任感，這份背負反而落到了你的身上。

### 4. 證明

這種證明往往是出於面子，或者是信念系統帶給你的。在生活中我不會讓別人來要求我做什麼，而總是把事情做在前面，因為我不願意讓別人提出來給我壓力，我也不願意做一件事只是為了向他人證明。我會主動去做，發自內心地去做一件事。如我會主動關心我愛的人，每年春節我都會提前準備好禮物給所有的親戚，對他們表達愛，看起來我是照顧好了身邊的人，但最重要的是我照顧好了我自己，照顧好了我的心，照顧好了自己重要的以及自己身邊必要的關係系統循環。很多時候當我們提前把事情做了，就不會有背負的感覺了，因為你是情願的，是主動的，而不再是為了證明。我們只需活出最真實的自己，不需要向別人證明我們的重要性。

第一節　身心健康的第一步,在於接納自己的身體

> **有效練習**
>
> 今天,檢查一下你的生活方式,用心感受自己的聲音,看看有哪些時候會開始評判和攻擊自己?

第四章　獲取健康的關鍵：保持溝通通暢

## 第二節　愛的顯現：100 次的自我肯定換來 1 次無條件的愛

「愛自己並不意味著自私，而是對自己的尊重和關懷。就像為植物澆水一樣，我們也要關注自己的需求，讓心靈得到滋養。」

### 一、重新認識自己，我們值得被愛

重新認識自己的第一步，問問自己我是誰？要知道，你不是你的身體，不是你的頭腦，真正的你是超越身體和頭腦的，而你的身體比你更愛你自己，它無時無刻不在跟你對話。

如果我們感到虛弱，是細胞在告訴我們，我們想得太多了，我們的能量在流失。如果腹部疼痛，是因為恐懼和擔心；如果肚子大大的，是腹部積壓了很多的憤怒。腹部右側反映的是生理壓力，腹部左側反映的是情緒壓力，背部容易承受不屬於自己的背負。我們可以覺察一下，真相都很簡單，透過覺察就可以感受到。心臟需要喜悅的能量滋養，關節是關於靈活性，固執的人關節就容易出現問題。

第二節　愛的顯現：100次的自我肯定換來1次無條件的愛

要知道，我們的身體有上百兆個細胞，每個細胞都與我們緊密連結，同時也在與自然界產生連結，是我們通往真我以及連結自然界的一條大路。我看見到處都是無條件的愛，這是我最愛的一個主題，關於真我之愛，源頭之愛。每個人都要去觸碰這份真我之愛，要能夠感覺到自己是很可愛的，很值得被愛的。

## 二、什麼是無條件的愛

我知道，一提到無條件的愛，有些人心裡就會很落寞、很空虛，甚至有一絲悲傷，不知道無條件的愛到底是什麼。那麼請你深深地擁抱自己，接納自己，和自己和解，因為過去的已經過去了，未來的還未發生，如果你已經在逆流裡掙扎得太累了，請給自己一點時間和空間，全然允許自己，接納自己。就在此刻，我們深深地擁抱自己，對自己說：「我願意接納你，我願意從此刻開始無條件愛你。」這非常重要，因為當我們越來越愛自己時，就會發現這個世界上的一切都是為我們的最大利益而來的，我們會很快實現自己想做的，這都來自我們和自己關係的改變。

曾經有一段時間，每天早上從睡夢中醒來，在意識還很朦朧的時候，我就不斷地對自己說：我愛我自己，我喜歡我自己，我愛我自己，我喜歡我自己……我把這句話寫在食

## 第四章　獲取健康的關鍵：保持溝通通暢

指側面，不斷地重複，直到有一天我發現我確實真正地愛上了自己，全然接納了自己。這時我才看到這個世界對我的友善，看到無條件的愛無所不在，看到我實現目標的速度越來越快。我有很多朋友，他們試了這個方法之後，看這個世界都覺得立體了很多，突然發現很多以前沒有注意過的小美好、小確幸，會注意到花開了，看到更多笑容、更多色彩，看到這世間更多的美好。

以前，面對世間的一切，我就像站在氣球裡面往外看，無法真實觸及，因為中間隔著一層膜。但現在，世界在我面前變得越來越真實可觸。「無條件地愛自己，就像母親對待嬰兒一樣。無論嬰兒做什麼，母親都會愛他。同樣，我們用無條件的愛，接納自己的所有」。

我的一個學員曾經跟自己肥胖的身體對抗了十幾年，幾乎所有的減肥方法她都嘗試過，聽說什麼減肥藥有效她就拿自己當作小白鼠一樣去試驗。但是減肥的能量源頭是因為她嫌棄身體上的贅肉，對身體有很大的不接納。所以，減肥並沒有成功。

直到有一次胃出血住進醫院，醫生告訴她不能再隨便吃減肥藥了，病情嚴重的話可能需要做胃切除手術。在醫院接受治療的幾天，她聽到了身體細胞對她的「求救」，她感受到身體器官在與她對話。她第一次感受到身體是如此愛著她，

第二節　愛的顯現：100 次的自我肯定換來 1 次無條件的愛

她不願意做任何器官切除手術。身體完整、健康就是完美，她也不再急於減肥。

從那之後，她接受了自己，覺得即便胖胖的也是很可愛、很美。她不再刻意忌口吃什麼、吃多少，而是讓自己聽從身體的感受，覺知自己吃的每一口食物。她逐漸找到了和身體和諧共處的規律，什麼時間吃、吃什麼、喝什麼身體是喜悅的，做有節奏的運動，進行有規律的作息等等。

現在她能把身體輕鬆地維持在一個標準體重，最關鍵的是健康而充滿活力。每次參加實體課，同學們看到她都覺得她在逆齡生長，她的皮膚和身體活力越來狀態越年輕。

## 三、為什麼要無條件地愛自己

你知道嗎？當你無條件地愛自己時，才能去肯定自己，要知道，100 次的自我肯定才能換來 1 次無條件的愛，自我肯定是獨屬於一個人的盾牌，它能幫我們抵擋外界的負面評價，讓我們由內而外地滋養自己。

我們要怎麼做呢？

任何時候，無論面對怎樣的狀況，或者是有任何情緒，都不抗拒，因為我們相信自己不會做錯事。我們時刻告訴自己：我是正確的。從小到大我們聽了太多「你不應該這樣做，你不應該那樣做，你應該怎樣做」，這導致我們和真我分離。

第四章　獲取健康的關鍵：保持溝通通暢

我們會發現這些其實都來自別人的信念系統，我們經常在為別人的信念系統買單。要進行自我肯定，我們要邁出的第一步就是與自我合一，不抗拒自己。

我們要全然相信自己，剛開始可能會比較難，因為我們已經習慣於鞭策自己，不需要別人提醒就時常會覺得自己不夠好，當感覺自己做錯了事就很擔心別人會怎麼樣看我們。我們要知道這一切都來自小我。如果想要扭轉這個局面，最簡單的方法就是切斷思維的慣性鏈條，習慣於讓小我閉嘴。

當自我接納發生的時候，我們就能夠感受到對自我的肯定。這份肯定不是來自外在，而是來自內在的為我接納。對於外在發生的一切不抗拒，我們就會省下很多力氣，否則就會有很多能量空耗在對抗上。所以，時刻釋放對抗，讓自己處在正向的狀態中。

## 四、怎樣才能無條件地愛自己

正視自己，聚焦於我們已經擁有的，就會被富足感深深地填滿。要知道，我們關注什麼，什麼就會被放大。當我們不斷地看到自己生命中所擁有的一切時，就會對自己產生無條件的愛，從而一步一步減少自卑感。當我們處於擁有、滿足、欣賞、讚嘆、體會、感動、感觸、感恩的狀態時，其實是在向我們的本我傳遞著清晰的愛的訊息。

第二節　愛的顯現：100 次的自我肯定換來 1 次無條件的愛

## 1. 完全地認可自己

　　我以前總認為，一個人覺得自己不夠好是一種謙虛的表現，意識到自己的缺點才能有動力去改善。直到 2016 年的一天，我見到一個朋友，她得了一種病，全身肌肉萎縮，我對她充滿同情與憐憫。有一天，我看到她在人群中非常自信地分享她的成長和感受，她說完全接納自己、熱愛自己、享受自己、欣賞自己，她覺得自己是完美的人。要知道，她以前很自卑，跟人說話都會躲到椅子後面。那一刻我很震撼，內心被深深地觸動，對於自己曾經對她有過憐憫的想法而感到羞愧。

**對自己說：我願意接納你，
我願意從此刻開始無條件愛你**

　　如果我之前是那個樣子，以我這麼追求完美的性格，我肯定覺得自己沒機會了，我可能不想活了。那一刻的震撼讓我意識到我不能再沉溺於自己的慣性中了，慣性地抱怨、慣

性地指責、慣性地認為自己不夠好。我在一瞬間決定放下一切。

我那個時候毅然決然不再朝向黑暗，我要看到自己擁有的。雖然生活窘迫，但我的房間總是一塵不染，作息很規律，我每天看書、打坐，維持著很好的生活習慣。

## 2. 不斷看見生命中所擁有的部分

有一段時間我的身體並不健康，尤其手部，手上沒有一塊皮膚是好的，實在沒地方誇，於是，我就誇臉上的皮膚。

那時候，我手工做珠寶，手上全是老繭和燙傷，我就誇手背上的皮膚。我去誇所有我能夠看到的好一點的地方。後來我發現，我生活中有那麼多好的景象，我的「熊孩子們」（團隊小夥伴）不計得失，天天給我講笑話，天天一起唱歌，他們吃個三塊錢的東北大板都能幸福滿足地歡呼起來。從那個時候開始，我就每天都感恩，感恩所擁有的一切，每天都會去寫生命中所有享受的部分。當我看到原來自己有這麼強的創造力時，我就不再看自己沒有的，永遠看到自己擁有的。

## 3. 看到自己所擁有的，不斷地去拓展

我要拓展的並不是我沒有的，我看到了就說明它是存在的，否則我就看不到。就像有些一輩子生活在山區的人，他

## 第二節　愛的顯現：100 次的自我肯定換來 1 次無條件的愛

們一輩子都看不到一些東西，但他們也很滿足、很幸福。這些年，我所擁有的都建立在我看到的基礎上。今天，我們要看到自己的創造力，看到自己擁有的一切。我們的顯化力復甦，才會看到自己內在的感受、感動、感恩不斷地湧動。請允許自己進入已擁有的世界吧！

正如作家保羅・科埃略所說，「生命的圓滿富足是內心的平靜與滿足，是對生活的感激和欣賞」。我們擁有一切，值得生命的富足、圓滿，值得生命一層層地拓展，它不是慾望層次，而是生命的相互約定和同頻共振的層次，用所創造的一切來守護和滋養自己。

### 有效練習

讓自己持續保持活力，同時帶著覺知與身體的每個部位打招呼，與它們交流，傾聽它們，這一切會非常有意思。

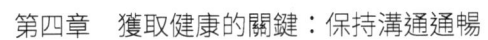

## 第三節　全然接納：由內而外地接納自己

心理學家博恩·崔西曾說：「自我接納是我們最大的挑戰，也是我們最大的力量。」我們經常對自己的外貌、能力和價值產生負面的想法，自我接納意味著接受自己的不完美，意識到自己的獨特之處。這不僅可以提升我們的自尊心，還可以增強我們的內在力量。

### 一、勇敢地面對自己的問題

有的人喜歡跟別人比較，臉不比別人好看，工作沒有別人好，錢財更是不及別人的十分之一，覺得自己很失敗。

心理學家阿德勒曾提出，我們之所以只能看到自己的缺點，是因為我們下定了「不要喜歡自己」的決心，為了達到不要喜歡自己這個目的，我們選擇了只看缺點而不看優點。那為什麼要下這樣奇怪的決心呢？這是因為我們在為自己不被喜歡找理由，保持「滿是缺點的自己」這種狀態，我們就可以避免被他人討厭、在人際關係中受傷的結果，然後就可以心安理得地安慰自己，「我之所以這樣，是因為我⋯⋯如果⋯⋯我也可以⋯⋯」，其實這是我們為自己設定的一道不

## 第三節　全然接納：由內而外地接納自己

被傷害的屏障，是我們的防禦機制。

相信大家對〈國王有個驢耳朵〉這個故事都耳熟能詳，但我們從小理髮匠的角度去看，他一開始沒有說出國王有個驢耳朵這個祕密，但這個祕密一直憋在心裡讓他難受到生病，當他藉助老樹洞來讓自己內在感受得以宣洩時，整個人都好了起來。其實我們內在隱藏著很多負面情緒，因為受「對與錯」、「應該與不應該」的限制，很多情緒能量無法釋放出來。當我們不再評判自己，不再指責自己時，就能正視生命中所有的問題和挑戰，無論這些問題是來自內在的還是外在的，都不做任何閃躲。如果是來自外在的，思考當下我可以做什麼呢？做我當下能做的，當下做不了的也就是我無能為力的，放平心態即可。如果是來自內在的，請不帶任何評判地去看待它，不要再讓它成為自己的負擔。

問題分為很多層面，有情緒層面、信念系統層面、能量狀態層面、未盡事宜層面、整體環境層面等。在這些層面，會留下負面情緒，比如過往的傷害，小時候受過一些心理的創傷。它會在表面上呈現出「頭腦認為這件事情應該是這樣的」，如：頭腦認為我應該多賺一些錢，頭腦認為我應該自信，頭腦認為我應該雄起。但是你會發現你的行動力沒跟上，因此還是處於無力狀態。

曾經，我們習慣了恐懼，所以會產生這些問題，也總是

第四章　獲取健康的關鍵：保持溝通通暢

把自己放在問題裡。比如，我從小到大很難找到方位，因為很少有人認同我，或者認同我的時候都帶有目的性：我誇你，你就要做得更好一些。再比如，我天生過於敏感，所以目的性的控制對我就發揮不了作用。在家裡我受到很大的打壓，產生自我懷疑：為什麼我堅持的事物，沒有人肯定我？當我們陷入自我懷疑的時候，那麼我們的各方面都開始掉入問題的層面。

當我們活出勇氣，活出自己的驕傲時，再回頭看曾經在問題中瑟瑟發抖的小孩，會非常有感觸。當年，我們因為對自己的不確信、自我懷疑，認同了很多問題，甚至因為別人的問題去懷疑自己。現在，重新替自己定位，不去懷疑自己，並每時每刻告訴自己「我真的只能做到這一點了」。

## 二、把自己視為一個整體

我們的價值觀往往都在傳達：你再多做一點就會更好，你再多做一些就會更優秀。這種價值觀總在二選一的思維系統裡做選擇。

如果把自己視為是一個整體，身體的每個細胞雖然是獨立的，但它們又是相互合作的。如果把自己放進一個整體時，我們會發現自己是這個整體中的一部分。當我們了解到這一點，就能理解為什麼自己會這麼擅長做一部分事情，卻

第三節　全然接納：由內而外地接納自己

不擅長做另一部分事情。這一切就像拼圖的凹槽一樣，如果你都填滿了，別人怎麼拿凹下去的部分來拼接你，怎麼拿多出來的部分來對接你呢？

我曾經為我的老師做了很多年助理，協助他安排商務方面的工作，以及打理日常的生活。我覺得那時候我就像是一條八爪魚，可以非常俐落地把很多事務都安排得井然有序。但是現在我開創了自己的品牌，開始經營心理學、農業、商業等很多專案，我身邊有三位助理，在一些特殊專案或者在某些國家，還有專門的助理協助我工作。有一次我開玩笑地跟他們說：「你們一個個都太能幹了，我在你們面前就好像是一個生活不能自理的人。」他們笑著說：「正是因為你的不能自理才成就了我們的十項全能呀。」

曾經做我的老師的助理時，在那個當下，我是圓滿的，我在做我自己。如今，角色變了，我需要負責公司更多方向性的指引，於是很多工作和生活的細節我就照顧不到了，但我也是圓滿的。包括我的工作團隊中的每一個小夥伴，大家都處在一個整體圓滿的狀態，做真實的自己。

## 三、與自己和解

當我們開始與生命和解，接納自己當下只能做到某一點時，我們就不再執著於無用的問題了。與自己和解，放自己

## 第四章　獲取健康的關鍵：保持溝通通暢

一馬，回到我要什麼的狀態。我要的肯定不是自責，肯定不是我自己多糟糕。

很多時候，我們看似目標明確，內心其實在打架。跟自己和解就像為自己的心靈穿上一件溫暖的外套。當我們真正愛自己時，外界的批評和壓力就不會輕易傷害我們。當我們自我確定的能量越來越豐滿時，有件非常神奇的事情就會發生：那塊曾經的不足之處也會慢慢成長起來。比如，曾經我看不懂數字，覺得它們都是外星球的生物，數字和數字之間的關聯我完全看不懂。這些年，隨著對自我的接納，雖然我依然看不懂數字，但我很會賺錢。慢慢地，我越來越熱愛金錢作為人類溝通的語言之一所帶來的豐富性，以及背後浩瀚的智慧。我並不會執著於自己不擅長的方面。雖然不擅長數字，但我擅長與非常優秀的人交往。

放手，把自己視為一個整體，與自己和解，就會發現自己擁有強大的轉化力。我有個朋友曾經是一位極度討好型人格的人，她過於照顧別人的情緒，在正常的交談中，如果發現別人情緒不對，她就會陷入自我懷疑，回想自己是不是說錯了話，做錯了事。但是當她敞開自己、全然接納自己之後，她就擺脫了這個束縛，實現了內心的自由。

現在再回頭看，發現那些無法踰越的大山，都來自自己受限的信念系統。當時被恐懼情緒所束縛，習慣性地覺得自

第三節　全然接納：由內而外地接納自己

己肯定哪裡不足，習慣性討好他人、背負他人。如果做很多事情是為了證明自己的重要性，那才是活在問題的深淵裡。當我們能夠真正地完成這三個方面的改變：勇敢地面對自己的問題、把自己視為一個整體、與自己和解，真正地做到接納自己，我們的生活也會過得越來越好。

> **有效練習**
>
> 　　在吃任何食物之前都要有覺知，不要狼吞虎嚥地一口氣吃完，而是細細地咀嚼每一口食物，並對自己說：這是我獎勵自己的。

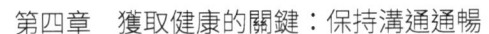

第四章　獲取健康的關鍵：保持溝通通暢

## 第四節　全然綻放：我的身體值得全然的健康

「如果你害怕失去健康，就是在創造失去健康。」問問自己，你在健康方面想達到什麼樣的狀態呢？當然是全然的健康，身體和心靈都處於散發著光芒的大自在狀態。

### 一、我的身體健康目標之旅

我在人生谷底的時候健康狀態極差，全身浮腫，呼吸困難。那時候我最想要的就是健康，最想做的就是回歸正常的生活，然後贏回自己的創造力，我把這設定為第一階段的目標，這個目標很快就實現了。隨著我不斷地清理和提升自我價值感，再加上和身體對話，與身體和解，身體越來越健康。

接下來，我將我的目標定位到第二階段，第二階段的目標就是要活出更好的自己。我要讓自己整個狀態越來越好，皮膚越來越好，身材越來越好，身體更健康。目前，我的各方面都呈現出自己想要的狀態，身體的能量獲得了極大的提升。當身體裡蘊含著巨大的力量的時候，這份力量會讓思維更敏捷，讓覺察力更敏銳，讓反應力更強，整個人就更有魅力了。

第四節　全然綻放：我的身體值得全然的健康

## 二、大多數疾病源於需要被認同

奧斯卡・王爾德（Oscar Wilde）曾說：「人們常常為了得到他人的認同而失去自我。」大多數人生病都是來自被認同的需求，他不願意別人來指責他，不想被指責怎麼辦呢？那就先生病，因為生病是最好的逃避方式，是最好的控制身邊人的方法。如果身邊的人想要控制你，不管是孩子、父母還是其他人，很好的一個方法就是生病。很多家長在孩子生病的時候會內疚，覺得自己沒有把孩子照顧好。父母生病後就開始圍著父母轉，很內疚地覺得平時陪父母的時間太少了。

在我處於黑暗谷底的那幾年，父母在我身邊陪伴我，我那時候半夜三更醒過來，會看到媽媽憂心忡忡地坐在客廳的沙發上。我媽媽閒不下來，每天早上不到 5 點，天還沒亮，她就起來了，閒著沒事做，她就去遛狗。她不經過我的同意，就要把我的辦公室、房子退租。

我告訴我的團隊，不要回應她，我發現她想用我身邊的人去控制我，當她發現無法控制我的時候，接下來一定會用生病來控制。果不其然，我媽媽過了幾天就說她的手痛，她的腕隧道症候群發作了，她肩膀痛，所有她身體上的舊疾開始復發。她為了投射內疚感給我，經常半夜三更爬起來關心我，後面她就病得越來越嚴重，以至於全身都痛。這個時候我就跟我爸爸說：「爸爸，你如果方便的話，乾脆和媽媽回家

吧。在這裡，我無法照顧你們，媽媽現在這樣讓我心理面也會很不舒服，我沒辦法專心工作。」

我爸爸也看出來了，後來就跟我媽媽商量，回家鄉了。我們真的不需要透過生病來滿足自己的需求，讓一切回歸自然的狀態，回歸沒有掙扎的狀態，回歸生命的本身，回歸愛的本身。這樣，才能讓自己處於全然的健康與喜悅中。

## 三、讓自己的身體處於全然的健康與喜悅中

我們值得全然地被接納，接納自己的一言一行，我們不需要擔心自己曾經說錯過話，做錯過事，會因此被懲罰，無條件地愛自己，接納自己，我們就能獲得全然的健康與喜悅。

### 1. 誇讚和滋養自己的身體，帶著喜悅和覺知去觸碰自己的身體

當我們開始真正地去愛我們的身體時，我們會發現，我們的身體很像個小孩，你一誇它，它就開心。孩子就是我們不需要跟他講很多大道理，愛他就是了，抱抱他就好了，誇誇他，這時候他就能夠感受到愛。我們的身體也是如此，我們曾經用言語，用評判，為我們的身體套上了太多的枷鎖。而今天我們要開始真正地、全然地去接納我們的身體，這份接納就是開始去發現它的可愛。

## 第四節　全然綻放：我的身體值得全然的健康

**跟隨自己的身體，
全身心地信任自己的身體**

今天我們要誇一誇自己的身體，就像誇小朋友一樣地去誇它，就像誇小動物一樣地說，「我的身體寶貝，你好可愛」。剛開始誇的時候，我真的沒有什麼可以誇的地方，臉上長滿青春痘，到處都長，我實在沒有地方可以誇，我就只能誇我的眼皮。

現在大家看到我的手都覺得挺好看，但是那陣子我的手實際上天天穿繩子，天天打繩結，滿手燙傷。只有手背上皮膚還挺好的，所以我就天天誇我手背上的皮膚；身上的皮膚很白，我就誇我身上的皮膚；心肝脾肺腎好像都不是太好，我還是會誇我的心臟，我會對我的心臟說，「你以前都會跳得不規律，現在你都會乖乖地跳動」。從負面情緒中跳脫出來，

很簡單的方式就是和自己的身體連線。有意識地觸碰自己的身體，去感受。當我們回到觸摸中，我們的頭腦就不會那麼大聲地叫囂。

## 2. 跟隨自己的身體，全心全意地信任自己的身體

當我們開始跟身體合作的時候，最有可能會阻礙我們自己和身體合作的就是我們的頭腦，特別是我們的頭腦對身體的評判，我們總是想去控制我們的身體，想讓它看起來更好、更美、更瘦，但事實上我們的身體是非常有智慧的，它會傳遞訊號給我們。但只有當我們開始願意跟隨自己的身體，願意信任自己的身體時，才會去解析我們的身體傳遞給我們的訊號。

我的一個朋友，他得了一種全身筋膜萎縮的病。他全身的皮膚是收縮起來的，眼睛閉不上，嘴巴也不能夠完全閉上，整個手就像雞爪一樣。當他站在我們眾人面前說他對自己100%滿意、100%喜歡、100%接受的時候，我被深深地震撼了。

因此，當我們真正開始愛自己的身體時，就是從接納和信任自己的身體開始的，當我們完全地信任自己的身體時，我們也可以成為這樣的萬人迷。

第四節　全然綻放：我的身體值得全然的健康

### 3. 懷著感恩之心，用每一口食物來慶祝生命

當我們以讚美的能量、祝福的能量、愛的能量、感恩的能量去連結我們吃的每一口食物時，它們的振頻都發生了細微的變化，能夠更深層地滋養我們身體的細胞，並參與到我們精彩的生命感受中。

有一次我去吃日本料理，主廚是曾經被賈伯斯譽為全世界最棒的生魚片廚師，我照著賈伯斯當年吃過的所有的選單都點了一份。

服務員推薦給我一款賈伯斯一口氣吃了 6 盤的肉，我拒絕了，我想要自己來試。我在吃每一口食物的時候，都保持著一種全神貫注的態度，每一種食物的滋味在我的舌尖上氤氳，感覺每一塊肉都特別好吃。當我吃到一塊粉紅色的肉的時候，我立刻就知道，一定是這一塊，為什麼呢？那塊肉的質感太特別了。

我把那塊肉放進嘴裡，細細咀嚼，附著在舌尖上有點像柔糯的果凍，又非常柔軟和細膩，鮮味具有豐富的層次感，廚師為我鼓掌。

吃出賈伯斯最愛吃的生魚片我當然非常高興，但我最高興的是我全神貫注的過程，我覺得每走一步路，每品嘗一口食物，都好像有了新的發現，我發現我達到了對生命更寧靜、更精細的觸碰的狀態，那一刻真是要為自己的生命慶

第四章　獲取健康的關鍵：保持溝通通暢

賀。那麼，我們今天也可以嘗試著讓自己像一位味覺大師那樣品嘗我們的食物，我們的生命太值得慶祝。

當我們真正地開啟自己的眼耳鼻舌身意，開啟自己的味覺時，我們吃每樣東西，都會吃到不同層次的鮮美，當我們真正地看到我們身體需要什麼，真正喚醒我們身體的覺知時，我們會發現，吃火鍋是一種慶祝，吃白飯也是一種慶祝。

> **有效練習**
>
> 　　在吃食物之前就開始讚美它，感恩它，感受到它對你很深的愛！

## 第五節　身體對話：跟身體部位對話，產生深度連結

「你的身體是一個奇蹟，與它對話，傾聽它的需求，它會以健康和活力回應你。」我真的很難想像我曾經是這麼殘忍地攻擊自己，攻擊自己的身體、皮膚、長相，攻擊自己的一言一行。而今天當我與自己和解後，我居然在鏡中看到如此柔美和完美的自己，我在看著自己的時候都覺得很不可思議，就這麼一點一點地在雕刻時光，同時也在雕琢自己，太幸福了，我非常感恩身體的每一個細胞。所以，我們要經常摸摸自己，輕輕地拍拍自己，跟自己好好地打個招呼。

### 一、我們的身體富有智慧

持續讓自己的身體保持活力，有事沒事就上下蹦跳兩下，同時有覺知地與身體每個部位打招呼，與它們交流，傾聽它們，這一切會非常有意思。當我們開始將自己的意識全然地聚焦於健康與活力的狀態時，我們身體中的每一個細胞都會接收到這一份指引，我們可以透過言語讓自己看到，透過身體感覺到，透過時間來形成最大的慣性。

## 第四章 獲取健康的關鍵：保持溝通通暢

比如，我一個朋友的父親幾年前做了腎腫瘤切除手術，後來又得了糖尿病、皮膚病，基本上每隔半年就得到醫院治療一段時間。事實上，他在以這種方式尋求溝通。他和妻子一起生活了半輩子，感情並不融洽，經常爭吵，但是他生病住院後妻子便不忍心再跟他爭執，於是就百依百順。而且每次生病後，工作忙碌的兒子就會回家陪伴，這會讓他感受到一絲屬於家的溫情。

身體是一個強大的智慧體，當我們不去控制它、不去利用它時，它自身就有非常強大的療癒力，它會激發出自動向好的力量，因為身體對我們的愛是我們無法想像的。

我的父母身體非常好，但是很早以前不是這樣，我媽媽總以生病來「綁架」我，動不動肩膀痛、感冒，我需要耗費很多精力去照顧他們、關心他們。為此，我很痛苦，他們也沒獲得快樂。有段時間我正好有空，就經常帶他們去世界各地旅遊，在旅途中，我們都收穫了很多快樂。但有一次我講了一句特別狠的話，我說我們家有錢，我可以帶你們去環遊世界，但沒錢替你們治病，你們要是生病，我一分錢都沒有。從此他們再也沒生過病。在這個過程中，他們發現沒有必要以自己的身體來綁架我，因為我們在其他的交流中能獲得更大的快樂，身心也會更加愉悅。這對我們來說，都是最完美、最健康的狀態。

第五節　身體對話：跟身體部位對話，產生深度連結

與自己的內在連結，並真正地為自己的內在考慮，讓自己的身體得到充分的關愛和呵護，必能身心健康。

## 二、跟身體每個部位對話，連接自己的內在

我們是自己身體的國王或女王，我們對自己身體的每一個部位都有著一份看見，同時有一份感恩，感恩它們對我們無條件的愛和陪伴。讓我們學會問候自己身體的每個部位，輕輕地和它們打招呼，與它們產生連結。

我們可以跟我們的身體表達：「Hi，我的胃。你還好嗎？」輕輕地摸摸自己的胃。「Hello，我的心。謝謝你，你在一直如此健康地跳動著，讓我時刻有生機勃勃的感覺。」「我性感的小嘴唇你怎麼越來越可愛？」「我的雙肩，你實在是太有擔當了，你居然還那麼有個性。」……我們就是要跟自己的身體打招呼，當我們覺得自己孤獨無助的時候，想一想還有幾十兆的細胞只為自己一人而活，恭喜我們自己王者歸位。

在跟身體對話的同時，跟身體進行深度的連接，那麼如何才能做到真正的自我連接呢？

### 1. 要非常關注自己周圍的環境

環境可能滋養我們，也可能消耗我們。當我們感到越來越順的時候，就會生長出一種微妙的氛圍，吸引身邊的人、

## 第四章 獲取健康的關鍵：保持溝通通暢

事、物，這些都是跟我們非常相配的。我之所以做生物動力農場，就是希望帶動更多人回歸自然，拿回本我的連線之力。生物動力農場傳達著我們對身體、關係與能量平衡的態度和哲思。透過食衣住行等生活的各方面開啟一種靈智生活方式，打造屬於每個人自己的生活空間。

> 我的雙肩，你太有擔當了，居然還這麼有個性！

**跟身體每個部位對話，連接自己的內在**

我們要隨時對身邊的環境保持覺知，還要知道如何去改變環境。改變環境最好的方法就是笑——一個空間只要笑聲足夠多，這個空間的能量場就會特別好。小孩子開心，就會大叫，這種歡樂的叫聲會改變整個能量場，因為他們的快樂太純真而天然了，只要開心的小孩子在家裡跑一跑、鬧一鬧，整個能量場就會立刻提升。

我身邊的一些朋友都可以提升我的能量，我跟他們互動

會非常開心。如果有一些人消耗你，我們可以等自己狀態好的時候，再與他們互動。一個人能夠照顧好自己，和朋友在一起的時候，朋友們的狀態也能隨之得到提升。

## 2. 提升自己的狀態，還要注意日常物品的細節

有一次我跟設計師溝通，她傳了一些寢具的照片給我，這些寢具一看就知質感非凡，但我真正喜歡的只有其中一套藍色的被套，材質是真絲磨毛的，這種織法織出來的布料手感會特別柔軟，摸起來不會很滑，蓋在身上也會有一種很安穩的感覺。有一塊床旗是閃亮的緞面絲綢，十分精緻。這種很亮的絲綢鋪在床上，我很怕傷害到它，使用的時候也會小心翼翼。所以，我不會選擇。

我對日常用品的選擇很有講究，我覺得不能太粗糙，如果太粗糙，會不怎麼珍惜；但是也不能太精緻，太精緻就會讓人過於擔心，變得小心翼翼。所以最好選擇讓自己舒服、可以提升自己狀態的物品。

## 3. 關注我們的反應機制

我很擅長做產品，也很關注產品。相對來說，我很少去做商業洽談，因為我知道自己有哪些情緒爆點。我看起來溫溫柔柔的，實際上脾氣火暴，三句話不對頭就要拍桌子了。

# 第四章　獲取健康的關鍵：保持溝通通暢

我知道自己情緒波動比較大，所以就不去做容易讓自己發脾氣的事情，不讓自己有機會啟動情緒的開關。慢慢地，我發現，我沒有那麼多情緒了，其實以前我只不過是掉入了情緒的慣性裡。

## 4. 時刻清楚自己的身體狀態

正如泰勒絲（Taylor Swift）所說：「當我們與身體建立深厚的連結時，我們就能更加真實地活在當下。」在我們的世界裡我們才是中心，我們開心才是最重要的事情。我們永遠都擁有力量，當我們開心的時候我們就連上線了，當我們感覺不好的時候，我們的連線就斷了。

身體狀態不好的時候，就讓自己好好休息，不要勉強自己去做什麼。有時候，讓自己休息會有很大的不安全感，心裡會想：我怎麼能休息呢？一休息事情不就沒人做了？事實上，我們的身體有答案，我們可以去聆聽身體的聲音，滿足身體的需求，提升身體的狀態。有一些東西可以提升身體狀態，比如，冬瓜汁。生的冬瓜汁，加一點肉桂，如果在冬天喝，可以再加點胡椒或者生薑。早上喝冬瓜汁會讓我們的頭腦更清醒，還能提升身體狀態。把有機蔬菜榨成汁，加一點酵素，也能夠很好地提升身體狀態。

第五節　身體對話：跟身體部位對話，產生深度連結

## 5. 讓自己時刻處在被獎勵的狀態中

我們要更大膽地獎勵自己，如果自己都不會獎勵自己，還希望誰能來獎勵呢？我們可以問自己：這個當下我可以用什麼方法來獎勵自己？做一件讓自己能夠感覺到被獎勵的事情，找一個理由獎勵自己，慢慢地就會發現，身邊的人會配合我們的腳本來陪我們玩獎勵的遊戲。我們要把自己當成寶寶，讓自己時刻處於值得被獎勵的狀態。我們要時刻覺得活著就是一種幸福，活著就應該值得被獎勵。我們的目光聚焦在哪裡，就會在哪個部分有很大的顯化和突破。

我經常覺得活在這個身體裡是一件很令人興奮的事情，活著的感覺真好。我的口頭禪是：飯不能隨便吃，一定要出於被獎勵。當我們時刻都處在被獎勵的狀態中，就會發現自己時刻都在接收禮物，因為我們值得被獎勵，所以每天就會更加開心，我們的身心就會更加健康。

> **有效練習**
>
> 今天，時刻用跳動讓自己的身體處於高能量、充滿活力的狀態中，感受身體細胞被激發，感受這種高振頻所帶來的生命高峰經驗。

第四章　獲取健康的關鍵：保持溝通通暢

# 第五章　自我實現：
# 做個自由且富足的人

接受生活的錘鍊，內心具有堅定的力量，蓬勃、果敢、堅毅；揪出並轉化限制性信念，建立全新的正向信念，信任並跟隨自然規律的指引，不再受限於狹隘的自我觀念或外部控制，去體會一種更深層次的自由、和平、富足。

第五章　自我實現：做個自由且富足的人

# 第一節　先有堅定的內在人格，才有綻放的生命力

當我們有了堅定的人格，做人或者做事都不會輕易放棄，而是以極大的熱情尋找並實現生命的價值，人生會因此輝煌、燦爛。

## 一、堅定的力量能為我們帶來好的結果

你敢不敢勇敢堅定地對別人說「不」？

我的家裡有一間專門的工作室，是用來學習、工作和放鬆的地方。這裡擺放了書桌、電腦、書籍和一些我不希望被人拿取的私人物品。我的大部分朋友都知道我十分重視這個空間，因此在訪問的時候她們都不會打擾我。

有一次，一個不太熟悉的朋友來訪，看到我的工作室的門開著，就想要進去看看。但是，當她走到門口時，注意到了門上貼著的一張便籤，上面寫著：「請尊重我的個人空間，進入前請先敲門。」這個朋友立刻停下了腳步，並詢問我能否參觀。我還是拒絕了這位朋友，我向她解釋道：「這個工作室對我來說是一個非常重要的私人空間，我希望能夠保持它

## 第一節　先有堅定的內在人格，才有綻放的生命力

的整潔和安靜以及不被打擾。」雖然我拒絕了她的請求，但維護了我的個人空間，因為那是我的界限所在。在這件事情上，我選擇了堅定，堅定是我綻放生命力、擁有源源不斷的創造力的前提。

> 相信自己有這種力量，
> 能夠做出正確的決定，
> 從做小決定開始就做到落子無悔

生活中處處需要堅定的力量，在處理事情的時候，要做好心理準備，讓自己的堅定之力翻一倍、翻十倍，然後再去處理。

一個人內心堅定，有什麼好處呢？生活中的我們，只要對活出堅定之力有覺知，這個部分就會開始生長，我們的做事效率就會翻倍，成功率也極高，這個時候你會發現自己身上充滿了堅定的力量。

第五章 自我實現：做個自由且富足的人

## 1. 堅定的力量有助於我們取得好結果

堅定的力量有助於我們取得好結果，沒有什麼比結果更能讓我們獲得成就感了，堅定的力量還有助於推動我們從一個結果往另一個結果邁進。我們可以談愛，可以談要為這個世界做多大貢獻，不管成就多高，真實、真誠很重要，但結果同樣重要，因為我們期待做得要比說得更漂亮。

將想法轉化為結果，也需要堅定的力量。當想法落到地上之後我們還需要有力量讓它長出來。一方面我們要保持思維的連貫性，讓我們的想法不是不切實際；另一方面我們要有非常堅定的力量，在面對別人的質疑時堅持自己的觀點，源源不斷地給予自己支持。這樣才能確保我們的想法在現實中穩步成長，並取得結果，這樣才能給予自己和身邊的人一份非常堅定、篤實的感覺。

## 2. 堅定的力量能讓我們更加有能力

堅定可以讓我們活出至美，不管是男人還是女人，身上都需要有堅定的力量。比如：有時候大家聽我說話很溫柔，但如果我總是一種軟趴趴的感覺，也許會讓人覺得很溫柔、很舒服，可是這些無法為我們帶來轉化和改變，我們就會一直待在一個舒適圈中，洞察不到身邊事物的變化，自然無法做到擁有對事物的掌控力和扭轉乾坤的能力。

### 第一節　先有堅定的內在人格，才有綻放的生命力

所謂扭轉乾坤，並不是我們要去改變什麼，而是生命自然的生長力，一份自己身上的魅力。當我們把這種力量用在生活、工作中，會讓我們做事絕不拖泥帶水，當斷則斷，非常果決堅毅。

美國第一位女國務卿希拉蕊‧柯林頓（Hillary Clinton）在講述女性的力量時曾說：「女性的力量在於她的堅韌和勇氣，她可以在逆境中崛起，展現出無比的韌性。」身為女人，我們可以活出一份勇敢又溫柔的英姿，眼神非常堅定、堅毅，講話嘗試抑揚頓挫分明，在所有的行住坐臥中帶入幾分陽剛之力。男人也是如此，骨子裡散發出來的堅定，並不是沒有任何柔軟度的一味剛強，而是一種博大和無畏，也是一份引領和堅韌，如同大山一般巍峨，也如海洋一樣廣闊。

## 二、如何激發人的堅定的力量

堅定是一種正向的陽性力量，**擊穿問題，聚焦創造**，其中包括果決、承擔、無懼。它是一種勃發之力，是我們勇於給予，勇於做決定，勇於把自己的手臂開啟，腿踢得出去，腳站得穩。我們要相信自己的內在有這種力量，能夠做出正確的決定，從做小決定開始就做到落子無悔。

那麼堅定來自哪裡呢？

# 第五章　自我實現：做個自由且富足的人

## 1. 角色責任能激發人堅定的力量

當我們沒有成為父母時，我們所能感知的力量大部分只包含我們自己；當我們成為父母後，為人父母的角色責任感會激發我們產生更多的堅定的力量。

比如，作為母親，由於受體內荷爾蒙變化的影響，在孕育孩子的過程中要承受身體的變化，孩子出生以後要給予孩子無條件的愛，這些都能激發出女性非常多層次的堅定。

再比如，最近有人跟我說他退休了，現在既沒有家庭，也沒有孩子，年輕時不想被家庭或者孩子所束縛，自己賺錢自己花，老了才發現自己並沒有因此而大富大貴，還是一樣貧窮。反觀那些有家庭、有孩子的朋友，因為他們選擇了承擔更大的責任，到老了不僅子孫滿堂，還累積了很多的財富。他說他很後悔當初的選擇。

## 2. 逆境能激發人的堅定的力量

有的人在生存層級上總會處在卡住的狀態，這與我們潛力發揮不出來有關係，有一句話叫「置之死地而後生」，就是因為我們別無選擇，沒有退路了，只能奮力一搏。這時我們就會發現自己的內在有一些自己從來沒有觸碰過的力量，在關鍵時刻被激發出來了，當我們衝出重圍時，這種力量還在我們身上。

### 第一節　先有堅定的內在人格，才有綻放的生命力

就像當初，我背負債務的時候，我爸第一次在電話中忍不住嘆氣：「可惜爸爸沒有那麼大的本事，沒有能力幫你承擔這些債務。」這句話療癒了我，我對他說：「老爸，這是好事，每個月我要還這麼多錢，但這些錢總有還完的時候。還完後，這些賺錢的能力還在我身上呀！沒遇到這件事，我還不知道自己這麼會賺錢呢。」爸爸的這種信任和無條件的支持給了我莫大的力量，這就是在逆境中被激發出來的潛在能力。

### 3. 歷史人物和作品能激發堅定的力量

當我們變得堅定的時候，我們的創造力就會提升，所以要開始有意識地培養自己堅定的能力，看看有哪些事情，讓人一想到，就會感受到自己內在力量的勃發。

我很欣賞米開朗基羅（Michelangelo）。他一生塑造的大多數作品，都具有很強烈的陽剛之美，充滿了蓬勃、果決、堅毅的力量。米開朗基羅雕刻的《大衛》（David），被譽為世界上最美的男人。在創作《大衛》的時候，他所理解的勇氣，跟一般人的理解不一樣，其他人會雕刻大衛打敗巨人歌利亞（Golyat），把他的頭顱切掉踩在腳下的那一刻。但是，米開朗基羅雕刻的大衛赤身裸體，大衛一回頭看到了歌利亞，那一刻大衛是有機會逃走的，但是他沒有選擇逃走。我們可以

## 第五章　自我實現：做個自由且富足的人

在大衛身上感受到這種堅定帶來的力量感。米開朗基羅本人也是如此，他一生都在挑戰自己生命的極限，他有著專屬於自己的堅定的信念，因此他的作品能聞名於世。

我很喜歡米開朗基羅的作品，在家裡收藏了很多他的書籍，我不止一次去佛羅倫斯小鎮看過大衛像，在義大利多次輾轉追尋米開朗基羅舉世聞名的四座聖殤和他的諸多作品，也不止一次在西斯汀教堂的天頂畫下潸然淚下……在這個過程中，我們能夠允許自己的身心靈全面共振到這位舉世聞名的巨匠身上勃發出來的那份磅礴的生命力。我們也許無法像他一樣一輩子都站在巔峰，但我們可以偶爾爬上山巔，去感受一下他的絕世風采。

## 三、活出真正的堅定的力量

### 1. 需要我們尊重自身和周遭的「界限」

在我們與周圍人相處的過程中，我們要清晰地覺知自己及他人的界限。

以我現在居住的地方來說，這是我和父母、家人以及夥伴們共同生活的居所，但是從空間層面上我們彼此的界限都是非常清晰的。我的房間都是按照我的生活習慣和作息方式裝修布置的，工作、生活的區域也有明顯的劃分。其他人，

## 第一節　先有堅定的內在人格，才有綻放的生命力

甚至包括我的父母，如果要進入我的房間，都必須經過我的允許。我的父母住在二樓，除了他們的臥室外，這裡還布置了屬於他們自己的廚房，他們可以在自己的區域自由活動，不會被其他人干擾。但是像會客廳、開放餐廳等公共空間，是夥伴們或者客人們活動的公共場所，家人就不能進入了。這樣，一家人彼此有愛、有界限，每個人都有自己舒適、安全、自由的個人空間，還能享受在一起彼此交融的公共空間，都是對界限的尊重。

除了物理空間界限外，要維持我們自身能量的穩定平和，心理空間也要有明確的界限，這樣才能尊重自我以及他人的心理空間。我曾經在峇厘島認識了一對定居在這裡的美國夫婦，他們每天過著自己嚮往的生活，身、心、意平衡，對這個世界也充滿了愛。然而，在他們決定定居峇厘島之前的幾年，他們也經歷了內心的極大煎熬，最終才選擇了對界限的尊重。

這位太太的母親是一個思想、觀念和情緒都非常負面的人，因為年輕的時候為幾個孩子付出了太多，為家庭犧牲了太多，所以，她現在年紀大了，就理所當然地認為她的孩子應該來回報她，應該接納她的所有。她的言語中，經常抱怨自己的生活，抱怨社會，而且還常常用內疚感「綁架」她的孩子們。最初，這對夫妻都以隱忍、包容的態度面對媽媽，也

第五章 自我實現：做個自由且富足的人

嘗試著引導媽媽能夠快樂一些，但是他們每次都會被媽媽強大的內心黑洞拉扯得心力交瘁，也跟著能量流失，幾個人都陷入不快樂中。

終於，他們意識到，這是因為他們允許母親侵犯他們的心理界限，所以才造成彼此的能量渾濁而且相互糾纏。其實一直以來這對夫妻都有一個心願，就是到峇厘島生活。有一天他們真誠地向母親表達了他們的選擇：我們在一起生活，三個人都不快樂，所以我們決定定居峇厘島，我們先選擇快樂。如果媽媽妳要持續待在妳的不快樂中，我們也沒有辦法為妳負責。但是妳知道我們是相愛的，也是彼此祝福的。

從那之後，他們就定居在了峇厘島，媽媽繼續留在了美國。尊重自己的心理空間界限，關閉了其他人與自己糾纏的大門，彼此的能量完整而獨立，彼此之間愛的流動也更加堅定而有力量。

## 2. 嘗試突破自己

我們很多的內在力量曾困於限制性的自我認知之中，生命中很多的事情不是自己做不到，而是活在了受限的人生模式中。我們需要破除自己的「不好意思」，讓這個世界聽到我們的聲音。很多人習慣於用嘮叨去表達愛，那麼，你有沒有嘗試過看著自己愛人的眼睛，看著孩子的眼睛，對他說「我

愛你」——這也是一種非常真實的堅定之力的突破。

比如，我媽媽就曾經打破了物質匱乏帶給她的卑微，並讓自己勇於享受美好事物，她很勇敢地面對自己內心最脆弱的地方。當然，如果我們想去做一些極限運動也是很棒的。我曾經就是因為懼高、怕水、怕高速，才去學了潛水、跳傘、開飛機、滑雪。生活中很多恐懼都來自大腦，當我們打破了這份恐懼，不再自我綁架，就會變得更加堅定。

### 3. 提升對事情的完成度

這種內心的堅定裡有很大一份安定感。因為我們對事情的完成度很高，就更加篤定，更加有力量，有利於我們獲得更大的成功，同時這份成功還能反哺我們的堅定之力。所以我們在現實中多去創造一些成果，內心的篤定就會更強。

即使是一件小事情，能夠一次性做完、做好，也需要付出，完成後也能感受到成功的喜悅，心中會更增加了一份堅定。

### 4. 提升身體的力量

生活中，最簡單也最有用的方法是從我們的身體層面進行調節，我們平時可以多去散步、晒太陽、喝薑湯，陽光的溫暖、薑湯的辛辣會讓我們滋生汗意，逼出體內溼氣，使身

第五章　自我實現：做個自由且富足的人

體變得更加靈活輕盈。身體輕盈了，心裡的負擔也越來越小，心胸越來越寬廣，情緒越來越積極，逐漸形成更加堅定的內在與人格。

「堅定的人不會因為困難而放棄，他們會有更強的意志力和決心來應對挑戰和壓力。」當我們變得堅定後就有更強的意志力和決心來應對挑戰和壓力，能夠更加專注於解決問題。因此，我們要時刻覺察自己內在堅定的勃發，不斷突破自己，看到自己的創造力。感受自己的創造力被無限點燃，直達目標的能力就更強，就能獲得更大的成功！

**有效練習**

　　今天無論你做什麼，都帶著覺知感受自己身體的每個部位，同時，去思考如何活出自己的堅定之力？

# 第二節　打破限制：發現並擊碎限制性信念

「我一到關鍵時刻就出狀況」、「我數學不好」、「動手操作類的任務我肯定不行」、「我是個女生，怎麼能去賺錢呢？」……這些經不起邏輯推敲、經常在我們腦海中自動冒出的想法，就是限制性信念，這種並非真相的信念就像披著羊皮的狼，看似溫良實則狠辣，會讓我們用錯誤的標籤定義自己，進入自己想像出的困境中，久而久之，就喪失了自信。

## 一、辨識限制性信念

美國總統巴拉克・歐巴馬（Barack Obama）對於限制性信念有一句非常精彩的表述：「限制性信念是自我實現的預言，打破它們是實現夢想的關鍵。」

限制性信念是錯誤的，但仍然可以被稱為信念，因為它們會切實影響我們的心理狀態，雖然邏輯上是錯誤的，但它們時常出現在我們與自己的對話中，對我們來說，心中冒出的這些聲音親切又熟悉，我們對此會深信不疑。

要辨識這些限制性信念也不難，因為它們在內容上通常具備以下 3 個特徵。

# 第五章 自我實現：做個自由且富足的人

## 1. 假裝預言困境

無論我們想要達成的目標是什麼，限制性信念總能搶先一步告知我們可能會遭遇的困難，包括我們會遭遇什麼樣的損失，擁有限制性信念的人對失敗造成的連續性後果有著生動的描述。他們可能會想像各種可能的負面結果，比如，失去面子、經濟上的損失或者被他人評價為無能。這些擔憂和恐懼可能會成為他們行動的障礙，阻止他們採取必要的步驟來實現他們的目標。

## 2. 鼓勵打退堂鼓

限制性信念喜歡暗示我們「在哪裡摔倒，就在哪裡躺下」，它彷彿很不願意看到我們走向成功，例如當我們試圖為一場演講展示做些準備時，限制性信念可能會對我們說：「你平時就害怕社交，在那麼多人面前展示肯定更緊張，到時候大家都會看著你，你肯定會被嚇得大腦一片空白，整個展示就會變成一場大失敗，讓你丟臉丟到外婆家。」

如果我們因此決定放棄鍛鍊自己的機會，換別人進行展示，就是被限制性信念成功嚇阻，讓限制性信念得逞了，畢竟把我們困在失敗的原地，絕望「躺平」，正是限制性信念追求的目標。

第二節　打破限制：發現並擊碎限制性信念

### 3. 善於施加壓力

無論是為了讓我們放棄演講展示，列舉不配上臺的種種理由，還是為了挫敗我們學習的信心，細數失敗後遭遇的種種嘲笑，限制性信念總是善於對我們施加壓力，喜歡像堆磚塊一樣在我們的心中疊上厚厚的一層，從而讓我們背上重重的心理負擔。限制性信念透過製造消極的聲音說服我們，阻止我們做出正確的選擇，導致我們錯過機遇，阻礙我們發揮潛力，最終離過上理想生活的目標越來越遠。

## 二、限制性信念從哪裡來

限制性信念是觀點、看法、觀念，具有一定的根深蒂固性，作為一種主觀意識，從個體成長的環境因素來看，限制性信念主要受以下幾方面的影響。

### 1. 家庭環境影響

父母、撫養者或者家庭環境中的其他成員，會在不經意間將他們的價值觀念、生活態度灌輸給孩子，而這些觀念通常繼承自他們的上一代，或者來自世界給他們的印象，又或者來自他們對孩子的控制慾……總之，受此影響，孩子會生成限制性信念。

第五章 自我實現：做個自由且富足的人

## 2. 社會環境影響

除了經歷社會考驗後自行總結的教訓之外，還有在學校教育時老師、同學等對我們的影響，因為在和這些人的相處中，他們分享的資訊、觀念和想法會被我們重視和吸收，所以我們的限制性信念有一部分也來自於此。

## 3. 消極經驗的影響

在糟糕的結果發生後，我們往往傾向於得出同樣糟糕的負面結論，而讓人印象深刻的消極經歷，又往往與強烈的情緒感受一起出現，於是強烈的情緒反過來可以讓我們對當時的教訓念念不忘，卻難以等冷靜下來之後重新進行一番客觀的反思，於是不合理的限制性信念就這樣被保留了下來。

我的一個學員來到自我實現心理學系統學習了一年多，她的家人和朋友都覺得她有脫胎換骨般的轉變。曾經，她是一個非常自卑的女孩，總是把「我不夠好」掛在嘴邊，從小覺得自己的家境一般、長相一般，上學時不像同學們那麼多才多藝，工作後也不如同事們那麼八面玲瓏，她習慣默默地待在角落裡。

幾年前她去做醫美調整下巴，手術後非但沒有像當初醫生承諾的那樣完美，而且還有明顯的瑕疵。她去找醫美診所理論，要討回公道，但是工作人員幾句話就讓她打了退堂鼓，她覺得或許是自己不夠好，可能是自己骨骼本身的問題

第二節　打破限制：發現並擊碎限制性信念

太多了。最後診所只是退回了一點精神補償的費用。

當她來到自我實現心理學系統學習了一段時間後，她意識到自己頭腦中有很多對自己不滿意的負向信念，於是她每天都收聽「自我肯定」冥想，「我的身上綻放著自性圓滿之光」、「我看到我的生命越來越閃亮」、「我能感受到所有人對我的愛」……一句句肯定語從聽起來很不熟悉，到後來像是被烙印在了骨子裡，她活脫脫地變了一個人。

不久前她還分享了陪同事去解決醫美糾紛的經歷。在現場，她理直氣壯地指出診所的問題以及需要承擔的責任，並堅定地提出自己的訴求，當場他們就把之前付的所有的費用都拿回來了。她說雖然這是在幫助同事，但她清晰地看到了自己的成長，也和過去的自己和解了。

## 三、揪出並轉化限制性信念

限制性信念會導致我們陷入精神消耗，不能充滿信心地去追求夢想，實現理想，一個人要想生活得更加豐盈，就要用全新的正向信念替代限制性信念。

### 1. 覺察限制性信念

仔細回想、分析那些讓我們習以為常的消極的應對方式，判斷其中哪些是受了限制性信念的干擾，具體的影響邏

## 第五章　自我實現：做個自由且富足的人

輯是怎樣的，哪些環節阻礙了我們自身的提升和進步，找出這些癥結點。

### 2. 改良限制性信念

限制性信念畢竟是消極的不良信念，我們既然已經將它們從意識中揪了出來，就不能置之不理，否則它們還會影響我們後續的生活狀態。

改變限制性信念的具體方式，就是將其轉變為相對更健康的正向信念。比如，前文列舉的限制性信念「我一到關鍵時刻就出狀況」，若把它改良成更正向的思考模式，就可以變成「我需要在關鍵時刻保持更好的專注力」或者「我需要在關鍵時刻更加小心謹慎」。做出這種調整的中心邏輯是，先撕掉先前為自己貼上的絕對化消極標籤，再從積極的方向做出思考，擬定正向又開放的新的行動描述，把它當成進一步增強自信心的良好信念指導。

### 3. 轉念

當個體陷入負面情緒後，關鍵的影響之一就是容易被這些消極的情緒拖累，沒辦法做出成長上的改變。轉化負向情緒動能的目標，就是讓個體盡可能地展開行動。

當我們真的鼓起勇氣邁出第一步後，這些行動就會動搖

## 第二節　打破限制：發現並擊碎限制性信念

固化的限制性信念，讓隨後各種積極的改變更自然地發生。

以下做法都能幫我們更有效地轉化負向情緒，積極地邁出行動的第一步。

### (1) 閱讀

閱讀那些曾和我們有過相似困境或者讓我們倍感敬佩的人的傳記或作品，從榜樣的作品中獲得共鳴、啟發和力量。

### (2) 寫覺察日記

真實記錄讓我們感受最強烈的情緒或者事件片段，一方面能讓我們進行內觀、自省；另一方面也能幫我們站在第三方的角度去重新審視自己的處境，可以更準確地評估自己在進步的路上究竟卡在了哪裡，或者已經走到了哪一步，有利於我們對自己的情況、進度做出更真實的評估，從而幫助我們把自身狀態從受困於負面情緒，轉移到更積極的目標導向的行動思考之中，將更多的注意力放在「未來我到底該怎樣調整方向、怎樣行動」。

### (3) 為自己寫肯定日記

即使眼前的困境讓我們沮喪又難過，也不妨試著寫一下這個過程中自己有哪些方面值得稱讚，明確記錄下這些值得肯定的部分，比如「至少我勇敢地做了嘗試，雖然目前不算成功，但我很有膽量，這種勇於走出舒適圈、勇於嘗試的行

第五章　自我實現：做個自由且富足的人

動力本身就很了不起」——這種記錄方式，可以促使我們用積極的方式去看待問題，並習慣用積極的思考方式來評估自己，時刻提醒自己是多麼的充滿動力，這種相信自己一直在做出越來越好的改變的信念，能推動我們更堅定地走下去。

### 4. 發現解決問題的方法

降低限制性信念影響的最關鍵的一步，就是用全新的正向信念替代固化的限制性信念。比如：我們可以將「我不夠聰明，這個問題肯定解決不了」轉化成「我可能需要一些時間，但我有信心一步步解決它」。我們可以將「我以前嘗試過，失敗了，這次也不會成功」轉化成「每次失敗都是學習成長的機會，這次我會從之前的經驗中吸取教訓」。我們可以將「我擔心失敗後會被別人嘲笑」轉化成「失敗是正常的，它不代表我的價值，別人也會經歷失敗」。

限制性信念讓人畏縮的一個重要原因是，它經常在我們還沒有開始做某事之前就發出了聲音，透過錯誤的預判，讓我們質疑自己的能力。

因此，質疑聲剛一響起，我們就可以在準備階段，及時發現並終止這些干擾，利用上文說過的改良技巧，改寫這些聲音，將它們轉變成正向的鼓舞之聲。

正如雷夫・馬爾斯頓（Ralph Marston）所說：「保持你的

## 第二節　打破限制：發現並擊碎限制性信念

思想正向，因為你的思想會成為你的言語。保持你的言語正向，因為你的言語會成為你的行為。保持你的行為正向，因為你的行為會成為你的習慣。保持你的習慣正向，因為你的習慣會成為你的性格。保持你的性格正向，因為你的性格會成為你的命運。」保留那些你覺得更符合自己風格的應對辦法，在多次的演練之下，將正向健康的正向信念保留下來，讓它們成為我們腦海裡新的直覺思考方式。

> **有效練習**
>
> 　　覺察自己內心的限制性信念，自己內心還有哪些不滿、怨懟的人與事，真實地面對它們，將這些限制性信念寫下來，不管用語音還是文字，盡情地表達與宣洩吧。

第五章 自我實現:做個自由且富足的人

## 第三節　目標牽引:確立成長座標,激發自我實現追求

　　了解自己的能力素養,看清自己的夢想追求,點亮自己的目標燈塔,不懼人生路上的風風雨雨,活出屬於自己的本自具足。

### 一、改變限制性信念,追求自我實現

　　美國心理學家馬斯洛(Abraham Maslow)提出需求層次理論,這一理論將人類需求分為五個層次:生理需求、安全需求、社交需求、尊重與愛的需求和自我實現需求,這些需求按照優先順序被排列起來。

　　生理需求是指人們的生存所需,如食物、水、空氣、睡眠等,這些需求是人類最基本的需求,這些需求若沒有被滿足,人類便無法生存;安全需求是指人們在物質和精神上的安全需求,如住所、安全的居住環境、穩定的收入來源等,這些需求是人們維持生存的基本條件,只有滿足了這些需求,人們才能有更高層次的追求;社交需求是指人們對社交的需求,如友誼、愛情、歸屬感等,這些需求是人們心理上

## 第三節 目標牽引:確立成長座標,激發自我實現追求

的需求,社交可以使人得到情感上的滿足。

尊重與愛的需求是指人們對自尊、尊重和自由的需求,如自信、自尊心、成就感等。這些需求是人們心理上更高層次的需求,只有滿足了這些需求,人們才能夠實現自我價值。

自我實現需求是指人們對於自我實現和自我超越的需求,如自我價值的實現、自我認知的提升、對未來的追求等。這些需求是人們最高層次的需求,只有滿足了這些需求,人們才能夠達到真正的自我實現。因此,自我實現是人類追求自我完善和發展的一種心理需求,也是對自己人生價值的認同和肯定。它能激發人的內在潛能,幫助人們實現自己的目標和願望,為人生增添意義和價值。

我的一位學員因為家族企業的債務問題陷入了生命的黑暗時刻。鉅額的債務讓她每天都在恐懼、擔心、焦慮,整夜整夜失眠。對於她來說,最痛苦的不是銀行催債,而是救急的朋友借的錢還不出來,還有到了發薪日發不出薪資給員工,這讓她陷入了很深的內疚,無法原諒自己。來到我的成長課程後,她的救命稻草就是感恩冥想,聽著聽著身體似乎可以稍微放鬆一些,每晚可以睡上幾個小時。後來就開始跟隨我們的線上課,接著又參加了靈商密碼、靈性之美、自在豐盛、三千面相等實體課,一點點從灰暗的人生中撿拾光的

## 第五章　自我實現：做個自由且富足的人

種子。2022 年，她報名了光行者課程，連續上了半年系統的課程，讓她的人生迎來了巨大的蛻變和翻轉。

當她拿回自己的力量後，跟另一半進行了一次正式的交談。她對丈夫說：「結婚這 20 年我把自己搞丟了，我要退出家族企業，走我自己的路，活我自己的人生！」丈夫沉思了一會說：「如果妳決定了，那就走妳想走的路吧。」瞬間，她感受到了無比的輕鬆，因為這是她在婚姻關係中，第一次沒有遵循家族企業的要求，她終於有力量說出自己真實的想法。她看到自己生命的火焰終於燃燒了起來，自己的翅膀終於有力量飛翔了。

談到自我實現的追求，就不得不提限制性信念的影響。限制性信念會帶給我們消極影響，常使人習慣於將專注力浪費在眼前的不足、問題等方面，讓個體在看待生活的時候，也總是帶著一種消極的態度，對身邊的各種事情都加上了一層灰色的濾鏡，整個人被無能感和無力感包圍，產生類似「自己這輩子就這樣了」的絕望感，很難再打起精神做更多積極主動的嘗試。

但如果我們可以改變自己的參照方式和標準，用一種新的視角去看待眼前的問題，即重構問題對我們的意義、重新規劃自己的解決思路，那麼我們仍然可以重新激起內心自我實現的本能動力。

第三節　目標牽引：確立成長座標，激發自我實現追求

## 二、透過「鏡子夥伴」去提升愛自己的能力

　　露易絲・賀（Louise Hay）的「鏡子練習」撫慰了很多人，我受到她的啟發，在很多年前就和一個共同學習的夥伴相約做「鏡子夥伴」。我們每天只用幾分鐘的時間，相互問幾個問題：你今天愛自己的分數有幾分？你今天接納自己的分數有幾分？你今天的完美分數有幾分？做點什麼，可以提升這個分數呢？

　　我記得在第一天，我愛自己的分數只有 2 分，我覺得自己太糟糕了，看到自己有很多不夠好的地方。那我該做點什麼可以提升這個分數呢？當下冒出來一個想法是，我要抱自己，即便看到自己有很多不夠好的地方，但我覺得自己也是值得被愛的。到了第二天，我發現愛自己的分數已經漲到了 6 分，做點什麼可以提升這個分數呢？我很想喝一杯堅果優酪乳，我就覺得自己很值得被愛，於是我當下就去為自己買了一杯優酪乳。就這樣，我和我的「鏡子夥伴」相約 21 天持續地問彼此，想到什麼就馬上去做。沒有幾天的時間，我愛自己的分數就已經達到了 10 分。而且我持續去做讓自己提升分數的事情，想到就馬上去行動，讓自己一直在完美的、被接納的、被愛的狀態。

　　現在這個鏡子練習也成了我們自我實現心理學系統很重要的一個工具，我們的心靈成長課程 App 還專門為大家設定

## 第五章　自我實現：做個自由且富足的人

了鏡子夥伴的專區，大家可以在裡面尋找「鏡子夥伴」，相約共同完成這個練習，共振能量，共同提升愛自己的分數。

## 三、體會生命的執著、倔強和不妥協

相信自己生而擁有的「本自具足」的能量，我們的內在有無限的資源，當令人壓抑痛苦的事情發生時，停下來捕捉這些情緒帶給我們的感受，傾聽這些情緒背後暗藏的「我希望自己能……」的部分，這些由不甘心、不服氣等引發的聲音，都體現了個體強大的生命力，感受和探索這些執著、倔強和不妥協，可以幫我們在走出情緒的谷底之後，重新踏上自我實現的道路。我們可以對自己說：「我這麼可愛，這麼值得被愛，當然值得在這個身體之中迎來自己生命全面的大豐盛，活出自己生命的本自具足。」

## 四、透過「不要」看到「要」

假如我們以一種消極的視角去看待人生的挫折，一次打擊就可能徹底擊潰我們，此時我們對生活可能生出「我生來就是個倒楣蛋，我不想再嘗試改變了」的限制性信念，在這個視角下，面前的一切阻礙彷彿都是生活對我們的故意刁難，想到未來，我們難免會感到恐懼，導致行動力受限。

但如果我們刻意轉換視角，讓自己從「要怎樣」的積極視

第三節　目標牽引：確立成長座標，激發自我實現追求

角去看，可能就不會僅僅生氣於自己沒有能力解決眼前的問題，而是會為當時那個努力卻遭受失敗的自己感到遺憾，產生同情，可以在一定時間裡陪伴過去的那個自己停留在情緒的谷底。但當這些情緒逐漸淡化、我們平靜下來以後，我們仍會繼續正向地去思考：「確實，之前那一次的嘗試沒有完全成功，下一次我是不是可以做得更熟練一點？我要在哪些方面進行改進，讓自己做出更好的改變呢？」

人生路上，很多更有價值的禮物都隱藏在傷痕裡，有時候，我們僅僅需要調整一下視角，就能找到新的支點來撬動我們的世界。

## 五、找到自己的大座標

讓一個人更清晰地認知自己的能力，明白自己能做到什麼程度，遠比放任思緒盲目暢想希望自己做到什麼，要實際得多。

如果一個人對自己各方面的能力素養都有比較準確的評估，他就可以快速判斷眼前的各種任務是否是自己可以勝任的，即使難以勝任，對大致上成功率在幾成、哪些方面可能會是需要著重彌補的缺點也都會有一個預判⋯⋯如果我們能夠對這些判斷擁有掌控力，就更容易提前對事件的結果做好準備，不會導致情緒劇烈波動。當一個人能夠擁有相對穩定

## 第五章　自我實現：做個自由且富足的人

的情緒時，就能保持一種成長式的思維，時刻知道自己的優勢和弱勢，知道這些能力都是在不斷發展變化的，自己還可以越來越好。

如果想獲得這種掌控力，不妨試著畫出自己的能力雷達圖。

**畫出自己的十邊形雷達圖**

（社交力、選辨力、情緒控制力、敏感度、守規則、外向、自信力、探索力、獨立性、抱負心）

方法：感受內心中那個鏡子照映的自己，結合圖中各項，為自己對應的能力值打分。0 是完全沒有這項能力，10 是此項能力接近完美。

注意：評估時盡量避免將能力值標定在中間位置。

十邊形雷達圖的每個分支的分段標尺，可根據圖形尺寸靈活設定。

## 第三節　目標牽引：確立成長座標，激發自我實現追求

　　由個體根據自我印象評估來標記：社交力、邏輯力、情緒控制力、敏感度、守規則、外向、自信力、探索力、獨立性、抱負心。

　　在得到自己的能力雷達圖以後，試著思考以下問題，這些問題可以讓我們對自身能力特徵有一個更全面的了解，也可以讓個人未來的努力方向變得更加清晰。

1. 我對自己畫出的這張雷達圖，評價如何？
2. 目前哪些能力值，是我比較滿意的部分？
3. 這張圖中反映的哪些情況，是我之前忽略而現在比較在意的地方？
4. 如果要進一步更新自己的能力雷達圖，我想在哪些點上獲得提升？
5. 這張雷達圖展現的能力結果，和之前我對自己的印象是否有什麼不同？

　　在對自我能力有了深入思考和了解後，進一步思考以下問題，可以幫助我們獲得一個更清晰的自我實現願景。

1. 我希望自己成為一個什麼樣的人？
2. 我希望遇見、身邊盡可能圍繞的都是怎樣的人？
3. 我喜歡把時間更多花在什麼樣的事情上？
4. 我希望自己獲得哪些技能？

第五章　自我實現：做個自由且富足的人

5. 想像未來，理想狀態下的自己大概會出現在怎樣的場景中？
6. 你覺得未來能發生的、最不可思議的事情是什麼？
7. 我希望自己的事業／自我認知能力／健康／情感能力分別發展到什麼程度？
8. 針對上述目標，現階段的我做得怎麼樣？
9. 我所付出的行動，是否對實現這些目標有所幫助？
10. 我對自己目前的能力進度作何評價？

> **有效練習**
>
> 思考並制定適合自己的目標。

## 第四節　在內外建立起
　　　　獨屬於自己的自然循環系統

豐盛的風一直吹：

我們從豐盛中走來，從不知匱乏，故而也不知豐盛為何；

一切都自然而然，一切都本來如是；

在合一中我們擁有一切，我們就是一切，我們需要離開這個「一」，經歷了匱乏的比較，才能知道豐盛為何物；

故而我們進入這紅塵大夢的喧囂中，去經歷分裂、比較、離開、失去⋯⋯才能重返豐盛！

### 一、什麼是大自在大豐盛的黃金生態圈

大自在大豐盛的黃金生態圈是關於我們內外在的一個生態系統，建立這樣的一個生態環境，不論是外部建構還是內部建構，由熱情驅動，讓我們的生命建立新的循環，讓生命處於順流中，自然循環，自在而豐盛。聖雄甘地（Gandhi）說：「自然不僅是我們的母親，也是我們的老師。」在每個當下，覺知到我們是整體的一部分，我們知道在一體之中每個起心動念，都在創造著外在的環境及結果，同時外在的人、

## 第五章　自我實現：做個自由且富足的人

事、物及環境氛圍也在創造著我們內在的世界。我們知道到了一個對此有充分覺知的時刻，因為這將是我們迎回自主人生感受的關鍵時刻，我們將有機會重新書寫接下來的人生腳本，並回到主角的位置傾情體會和感受。

在這個過程中，我們需要時刻保有一份清晰的覺知力，越來越精準地書寫和定位，建立一個無消耗的生態圈。

我知道在這個生態圈中我的想法能夠更通暢地表達，我的能量將能夠更穩定地保持，我的創造力可以得到更有效的支持，我的愛可以更充沛地流動，我的人生豐盛層級將更有效地拓展，我的問題可以更快無消耗地面對、轉化與翻轉……我們值得擁有這樣一片沃土，讓自己更輕盈、多層次地生長。

在自我實現心理學系統中，很多學員都是由於生命的黑暗時刻而有機會進入系統學習，進而啟動了生命的覺醒按鈕。

一名學員剛來到成長課時，正走在憂鬱的邊緣。她剛剛經歷了父親從癌症治療到離世的過程，這一切讓她陷入巨大的痛苦、愧疚和恐懼的煎熬中。成長課就好像是她生命無限下墜中遇到的一根救命稻草，她開始整日循環收聽課程，因為聽課讓她混亂的思維有了停下來的空間。除了線上課，她還參加了靈商密碼、自在豐盛、三千面相、深度連線等實體課程，讓能量不斷爆破和疊加。

對於很多同學來說，自我實現心理學並不是一個簡簡單

第四節　在內外建立起獨屬於自己的自然循環系統

單的課程,而是一種多維度、全像的生活方式,每個人在這裡建立起來的是一套內外在自然循環系統。內在循環系統包括身、心、意識等多方位的自我了解和調整;外在循環系統包含自己的家人、朋友、同學、同事以及與所有有形無形的存在之間的關係。

這名同學在系統學習的幾年時間裡,生命狀態在健康、財富、關係等諸多方面都發生了翻天覆地的變化。她不再是醫生口中弱不禁風的「林黛玉」,已經兩三年沒有再吃一顆藥,而且身體充滿了活力,散發著魅力。這幾年,她從當初10幾坪的小房子,搬到了市中心的50坪的樓中樓。她和家人的關係,從相互之間「都是你的錯」的相互指責,到現在「我和你在一起,只是因為我愛你」的相親相愛。如今,她與自己的關係,與外在的關係,都在毫不費力地前行中,生命在一點一滴地被愛滋養和填滿著,並且滿到自然溢出,開始滋養身邊更大的世界。

## 二、什麼樣的黃金生態圈是大自在大豐盛

黃金生態圈是一個能讓人自在豐盈的生態環境,愛如自然界的水一樣在圈子裡自在流動,被無條件滋養著的每一個人、每一株草、每一件事、每一段情,都向陽而立,能量滿滿地給環境以正向的激發。

# 第五章　自我實現：做個自由且富足的人

### 1. 無評判的環境

我們知道，在過往的人生中，我們已經消耗了太多的精力和能量去應對他人的眼光、看法、限制和情緒。接下來的人生，我們建立起一個低消耗的黃金能量圈，先和一群接納度高、積極正向的人形成週期性的互動關係，相互協助將注意力集中到無條件地愛自己。

### 2. 有效確認

我們知道自己有很多自己都不太了解的美好面相，從今天開始我不允許任何人再來降低我的自我價值，我們需要更多能夠照射出我的豐富多彩的人、事、物，我允許他們出現在我選擇的清單上，讓我能夠更加清晰地看到自己能活出的狀態，從此刻開始，我選擇活出人生的光明面。

### 3. 積極聚焦

生命中的所有的經歷無所謂好壞，只有我們看待的角度和我們看清自己究竟想要什麼，我允許自己柔軟地向光而生，接受周圍的人、事、物都是來幫我養成好習慣，在這個環境中不被表象所惑、不被自己過往的經驗所束縛、不斷做正向的選擇，讓自己真正想要的一切在正能量中自然地長出。

## 第四節　在內外建立起獨屬於自己的自然循環系統

### 4. 創意拓展

我知道自己的內在還有很多未知的創造力，我需要在同一件事情上得到更多可能性的拓展，身邊的人不僅是在滿足彼此的已知和確定，更以彼此不同的角度和觀點能夠交流而欣喜，我喜歡這樣能不斷發現的自己。

### 5. 能量激發

不同的能量層級將會有不同的創造力和結果，我願意在一個有溫暖的、有力量的、有熱情的、有愛的、細膩的、理性的、有領導力的、彰顯的、柔軟的、配得的、天真的、自信的、天馬行空的、更豐富的能量層次的環境中生長。

### 6. 層次提升

我要在相同的風景中看見不同的自己，在不同的風景中看見不同的自己，我知道只有我自身層次的不斷疊加，才能讓我領略到這個世界更廣闊的一面，我才能夠不斷地重新定義自己的人生價值，在每個階段的價值上呈現出屬於自己獨一無二的光彩。

第五章　自我實現：做個自由且富足的人

## 三、培養自己的黃金生態圈

我們都想生活在有愛沒有內耗，有接納沒有評判，有溫暖沒有疾風的自在環境中，那麼，身為環境的一分子，我們先要覺知自己的狀態，滿足自己的需求，儲存愛的能量，讓自己具有黃金特質，才能吸引、走進、創造出黃金生態圈。

### 1. 我們要有敏銳的知覺

海倫・凱勒（Helen Keller）說：「世界上最美麗的事物無法被看見或聽到，必須用心感受。」我就是對很美的東西很渴求，我就是對在這個世界上到處漫遊很渴求，我就是對賺很多錢很渴求，我就是對美好生活很渴求。我喜歡穿不同的漂亮衣服，我認為在不同的場景穿不同的衣服能夠呈現出自己不同層次的美，現在我自己在服飾搭配方面已經很不錯了，雖然沒有很渴求，但內心仍對美有進一步的渴望，期望變得更美麗。我們需要有敏銳的知覺，能夠清楚自己對什麼感興趣，並對此有著一定的渴求，在這個過程中你不評判也不拒絕自己的渴望。內驅力會幫助我們達成目標。

### 2. 了解自己的狀態

有時候，我們的狀態會受到周圍環境、季節等因素影響。我一到冬天就很容易想睡，像是要冬眠一樣，那個時候我不會

## 第四節　在內外建立起獨屬於自己的自然循環系統

抗拒，盡量讓自己多睡覺，多休息，因為我知道自己最佳的狀態在春天和夏天，這時候我的「戰鬥力」很強，秋天沒有到來之前狀態也很好。這就是我在這個季節的本能的表現。我有個朋友，夏天「戰鬥力」就不行，一到冬天就「活」過來了。

我們可以觀察一下，自己什麼時候處於比較好的狀態？自己什麼時候狀態不好，就任自己去休息放鬆；什麼時候狀態很好，按下正向的確認鍵，加速我們的工作與學習。我們可以按照季節來看，一年四季我們在哪個季節裡精力最旺盛，最有創造力？一個月的時間中哪幾天創造力最佳？找到自己的最佳狀態，在最佳狀態裡努力工作。

### 3. 打造具有較高創造力的環境

我喜歡在一種工作即生活、生活即工作的環境中去創造。對我來說，工作和生活並不是朝九晚五，我非常享受我的工作。我不喜歡死板、束縛的工作，那會影響我發揮創造力，輕鬆自由的環境能讓我創造出更成功的作品。我們團隊中每個人都有自己的位置，並且做自己喜歡且擅長的事情，我們在一起可以產生更多的成果，並且每個階段性的成果都在不斷增多，我們每個人都很有成就感。這種成就感又成為推動我們向前的新的動力。當我們覺得做事沒有熱情的時候，沒有必要為此焦慮，變換不同的工作環境、合作模式，終將會找到最能激發我們的創造力的環境。

第五章　自我實現：做個自由且富足的人

## 四、用內心循環點，建立永續的循環系統

每個人都渴望成為一個發光體，我們需要從沉重、情緒化、限制性信念的狀態中剝離，進入與萬物美好的共鳴中。正如大衛・奧爾（David Orr）所說：「我們與地球是同盟，而不僅僅是它的參與者。」我們要清晰地感知，環境跟我們是一體的，我們需要建立更生態更健康的生活環境，回歸自然屬性，與大地產生更深層次的連結，每個人都能在其中找到生命的意義！

大自在大豐盛的黃金圈源於建立能量中心點，建立永續的循環系統，用內外在循環的自然系統，形成天地循環的內外系統。

---

**有效練習**

1. 你將從哪些方面建立自己的內在循環圈／外在循環圈，你的方法是什麼？
2. 檢視你的生態圈（人、環境、生態系統、個人成長系統），看看還有多少讓你消耗注意力和能力的人事物。

## 第五節　越活越富足：輕鬆創造想要的結果

當我們開始學會做回饋的時候，我們所有的意念、所有的好感覺都會帶我們去接近那個嚮往的自己。所以，我們要學會建立讓自己變得更好的回饋系統，以便於輕鬆創造結果。

### 一、建立回饋系統，勤於做回饋

我平時的習慣是看到讓我心動的事情，不會只留在當時的觸動當中，而是會迅速地建立回饋系統，看一下我能從這個觸動中得到什麼啟示，取得什麼進步，我知道這些回饋反思是我們通向進步、通向成功的橋梁。

我自己有個小本子，比如我去上課，會在上面記筆記、記作業，這個過程基本就不會遺漏什麼資訊。我收到訊號，就會迅速隨著這個動能不斷地朝前移動。當我看到一段話覺得很有幫助時，就會把它收集到素材庫裡，雖然不確定什麼時候可以用到，但有的時候反覆去看這句話，就會在某一瞬間得到頓悟。

# 第五章 自我實現：做個自由且富足的人

我們要允許自己建立回饋系統，做自己當下能做的事情，慢慢就會發現讓自己有感覺的內容是什麼，當我們將這個內容運用熟練之後，它就會自然而然地與我們的知識系統進行串聯，我們的整個知識系統就會像小火車一樣跑起來。小火車不僅可以跑通我們的思維軌道，還可以作為載運列車，讓我們的思想越來越豐富，看待事情的角度越來越全面。我們進一步把思維列車改成挖礦小火車，載運各種思想、各種感覺，自動循環起來，做當下能做的事。接下來，我們要強化這個系統，把熱愛的東西變成職業。

當我們開始學會做回饋時，我們所有的意念、所有的好感覺都會帶我們去接近那個我們嚮往的自己。我從來沒想過會從事心理學教育的工作，但我從小就有個不賺錢的副業。一到晚上，我家電話就響不停，不同的朋友打電話找我，談她們心裡的事情。甚至有個午夜熱線節目的導播會找我，跟導播很熟的人也會打電話給我，但是我從來沒想過自己有一天可以把它變成我的職業。

我以前做房屋仲介，認為這一生會一直做房仲。後來，我得了憂鬱症，那個時候是為了自救，我就研究心理學。我發現自己特別喜歡探索人的意識狀態，於是就把心理學變成了職業。

我最近還想把一個愛好變成職業，就是做美食，因為做

第五節　越活越富足：輕鬆創造想要的結果

美食的過程讓我感受到平靜、被治癒，也許這個興趣也會變成我的「新斜槓」。要知道，我們所做的每一件事情都不會白費，事事都會有所回應。重要的是我們不能讓自己處在「懶惰」的狀態，而是應該習慣性地在創造狀態中。在這個過程中，我們可以去刻意練習整個流程，從發現觸動開始，一直到這件事情內化成為自己的後，就能熟練運用並發揮進一步的創造力。

## 二、打造自己的黃金內生態圈

一個擁有正向心理狀態的人，因為內在健康、向上、樂觀、富有熱情、自信、能量爆表，滿足得了自己的生命需求，因為扛得住壓力，不糾結，不自我消耗，生活永遠充滿陽光。

### 1. 清楚自己的內在需求

說起自己的內在需求，很多人總以為自身內在需求的滿足都是發生在遙遠的未來，於是就造成了對當下心中的各種內在需求的虧欠，彷彿自己必須先在生命的前半程時刻保持忍耐，把各種麻煩、關鍵的事情忙完以後，才有資格在後半生享清福。

事實並非如此。當下我們生活的每一天，其實都是我們

## 第五章 自我實現：做個自由且富足的人

正在經歷的幸福生活之一，雖然在這些日常生活中，令人失望的事情時有發生，但令人開心和進步的好事也同樣在發生。

如果我們清楚自己具體的內在需求，認真回應這些需求，踏實地度過每一天，開放地迎接生活中發生的事情，那麼，我們不僅能時刻保持一種愉快的行動力，而且對生活的適應力也能夠變得更強。

每天清晨，對當日的目標進行簡單的自我確認，這樣一方面可以幫助我們準確聚焦關鍵任務，提醒我們減少拖延，提高效率；另一方面也會給予我們的大腦一個正向的暗示，因為當我們真的把一項任務按照「它很重要」的態度去對待的時候，我們全身心的狀態都會做出積極的配合，效果自然很好。

### 2. 啟動自己的內在覺知

突破限制性信念對自己造成的習慣性消極影響並不容易，還需要從內在知覺方面入手，從以下角度多加練習，讓自己能更熟練地喚起正向的身心狀態。

以下練習不必特意去操作，可以把它們分散在日常空閒的時候，每次只需要花費簡單的一兩分鐘，堅持下去，就能獲得對內在感覺的熟練掌握。

第五節　越活越富足：輕鬆創造想要的結果

(1) 內在視覺方面

　　想像自己正身處海邊，或者是任何讓自己覺得自在、放鬆的地方，仔細觀察周圍的景色，天空的顏色、景物的顏色、環境是否寬廣等，仔細去觀察周圍的色彩，想像自己透過調整不同的高度和視角，還能看到何種不同的景物，讓腦海中的畫面盡可能豐富、生動，讓這種想像場景保持一段時間，並體會它們帶來的愉悅。

(2) 內在聽覺方面

　　挑選自己喜歡的音樂，播放的時候，讓自己靜靜地專注欣賞幾分鐘，不做其他事情。感受自己在聽到這些聲音的同時，還感知到了哪些內容，仔細回味伴隨出現的感受，不必與它們互動，僅僅讓自己與之共存。

(3) 內在感覺方面

　　這一步可以和其他任何訓練同步進行，專注於自己的呼吸，隨著空氣的吸進、呼出，仔細體會身體的感覺。注意是否有哪些因素的出現，能顯著改變我們對身體的感覺，同時想像自己吸入的空氣正在慢慢經過身體的每個部位，試著練習每次呼吸時，都只專注於身體的一個部位，讓自己對不同感覺之間的切換更熟練。

　　當價值感足夠時，我們不需要用太多事物來懲罰自己。

第五章　自我實現：做個自由且富足的人

比如我以前去按摩，如果按摩師不用力，我就覺得她收了我的錢卻在偷懶，覺得痛了才有效。有一次針灸，那種針有手臂那麼長，插進身體後還要轉動，整個五臟六腑像被抓住一樣，奇痛無比。我當時在想：自己為什麼一定要覺得身體經歷這麼多痛苦才會好轉？於是，我決定要刪除這個「不痛不會好」的信念。

我要非常舒服，非常喜悅，而且我的身體依舊能很好。如果我們的生活總是要去吃那麼多苦，總是要去經歷那麼多坎坷，才能得到想要的結果的話，我們可能需要去看看我們的認知系統中有沒有需要替換的部分，此時，需要調節到自己最舒服的狀態。

(4) 內在思維方面

刻意忽略那些消極的想法，主動去建立積極的思考聯想。

當我們習慣讓消極的狀態統治自己的大腦時，大腦中各種消極意識的連線也會變得更加活躍，所以我們可以透過刻意建立正向的思考迴路，來打斷消極的影響，讓內在的正向思考像進入健身房進行特訓鍛鍊的肌肉一樣結實，大腦也將更容易進行正向的思維活動。

晚上回到家中，不妨對自己當天的表現做一個簡單的總結，可以是日記形式，也可以是簡單的腦內反思，同時可以

放鬆地進行一些體力投入較少、情感回報較高的活動。比如，和家人窩在沙發上看電影，或者與家人就當天的各種見聞進行一場輕鬆的談話，這些互動的目的主要是幫我們恢復精力，重新回到愛與被愛的感覺之中。

## 三、打造自己的黃金外生態圈

外在的社會支持系統，在我們心情不好的時候可以為我們提供情感支持；在我們能力不足的時候，能夠伸出一隻手，助我們一臂之力；在我們身體不舒服的時候，能夠給予貼心的照顧……就像建築物需要更多柱子的支撐才能更穩固一樣，我們需要良好的人際關係才能避免陷入窘境。

### 1. 與世界各地的藝術家以及欣賞的人共振

我喜歡人類的歷史、人類的文明、人類的意識演變過程。我無數次站在偉大的藝術作品面前內心洶湧澎拜。我站在米開朗基羅的《聖殤》、《創世紀》面前淚流滿面；我站在夏卡爾（Marc Chagall）的畫作前像個孩子一樣歡欣雀躍；我站在畢卡索（Pablo Picasso）的畫作前感受著那份蓬勃心生喜悅；我站在凡梵谷（Vincent van Gogh）的畫作前感受著他那份癲狂不禁淚眼婆娑。從2015年到2019年年底，我大部分時間都在世界各地看藝術品、了解各地的風土人情。這兩年我在中

## 第五章　自我實現：做個自由且富足的人

國的旅程比較多，所以我就做當下能做的事情，我見了很多朋友，打造了自己的品牌。與他人共振能讓我們獲得靈感，讓我們汲取他人的優點運用到自己身上。

### 2. 跟自己喜歡的人交流

我並不是個擅長交流的人，尤其不擅長跟人建立關係，我對人很真誠，但不擅長和人過多交流。所以，就需要和喜歡的人在一起做事情，我身邊和我一起做事的人都是我喜歡的，我們的相處讓我感受到情緒放鬆，我身邊的人也會鼓勵我，幫助我做思路的整理、成果的轉化，我們帶給彼此的影響是積極的。

很多人會享受被需要的感覺。好像被很多人問問題，就覺得自己很重要，很被需要。如果一個人有這樣的感受，就會發現有很多人來耗費自己的時間。如果有人來談一些問題，我們先要弄清楚他是把我們當垃圾桶，還是真的想得到答案。以前經常有人來找我問問題，我都會很認真地回覆，後來我發現留給我自己的時間都不夠用了，且滿滿地占據了我的時間規劃，導致影響到我的其他安排。我覺知到，這不是對方的錯，是我允許大家來向我問問題，因為我認為這樣做是正確的。我要想不被占用時間，就得學會拒絕。

我們要非常清楚自己的界限，最重要的是我們根本幫不

## 第五節　越活越富足：輕鬆創造想要的結果

了對方。但如果對方和我分享開心的事情，或者他取得了什麼進步，我也會為他開心，為他按讚、鼓掌、發紅包。所以，我生命中收到的永遠都是讓人開心的好消息。慢慢地我們就會發現身邊的人都沒問題了。

正如托尼‧羅賓斯（Tony Robbins）所說的「富足不是終點，它是一段旅程，一種心態」。請記住，最好的自己一定都是忠於本心表現的那個自己，而不是外界強行加上的，也不是大眾口中所謂「金牛座的人就應該怎樣怎樣」、「內向型的人就應該怎樣怎樣」的刻板印象，更不是出於責任和義務為了滿足他人的需求表現出的虛假的自己。

> **有效練習**
>
> 1. 寫下要建立無消耗的生態圈，你下一步的計畫是什麼？
> 2. 對於建立黃金生態圈的主張是什麼？
> 3. 對於建立黃金生態圈的方法是什麼？

第五章　自我實現：做個自由且富足的人

# 後記

　　行文至此，本書也接近尾聲。回想整段寫作歷程，心中湧起難以言喻的情感。這本書的每一字每一句，都承載著我內心深處的思考和感悟。

　　這些年來，從開創「奇蹟30」這門課到「鳳凰嫻珍寶盒」，再到自我實現心理學體系的研發和落地，我經歷了從破產到富足的身心淬鍊與蛻變。

　　這本書的誕生，正源自我這些年對人生、自我與成長的深刻體會與觀察。我期望能夠透過文字，幫助大家去面對那些我們共同面臨的困惑與挑戰，去點亮我們內心的智慧與力量。在創作的過程中，我不斷地反思、修正，希望能夠以最真實、最貼近人心的筆觸，去撫慰每一位讀者的內心。

　　我希望把自己的經驗分享給大家，讓大家能找到自己的方向，尋找那個能夠讓我們內心得到安寧與滿足的所在。

　　我想要陪伴著你，走過迷茫的困境，在挫折中不再退縮。當你感到孤獨時，你回頭看向我，我一直在這裡陪著你、愛著你，你從不孤單，因為你有自己的力量，有自己的愛。我希望讀完這本書的你能夠懂得如何愛自己並接納自己，堅定自己的信念和追求，希望在這個過程中，你能逐漸

後記

變得更加自信,內心充滿陽光和希望。

　　我想要感謝每一位讀到這裡的你,正是由於你的支持與鼓勵,讓我有繼續前行的動力。我深知每一個讀者都是獨立的個體,你們有著不同的故事與經歷。但我仍然希望,這本書能夠幫助你過得更好、更幸福,只要能為你帶來一些啟示與幫助,我的努力和付出就有了價值。

　　最後我想說,雖然這本書讀完了,但我們的關係並沒有結束,我們的探索與成長永遠都在路上。願我們都能在人生的道路上,永遠保持輕鬆,堅定自己,勇往直前,擁抱自己,更加美好的未來在前方等著你。

國家圖書館出版品預行編目資料

自我實現心理學，改變生命層次的五大關鍵：三性合一、自我界限、關係本質、目標牽引……從焦慮到覺醒，理清自我關係，真正認識並愛上自己 / 趙育嫻 著 . -- 第一版 . -- 臺北市：樂律文化事業有限公司 , 2024.10
面； 公分
POD 版
ISBN 978-626-7552-51-3( 平裝 )
1.CST: 自我實現 2.CST: 修身
177.2　　　　　　　　113015380

# 自我實現心理學，改變生命層次的五大關鍵：三性合一、自我界限、關係本質、目標牽引……從焦慮到覺醒，理清自我關係，真正認識並愛上自己

作　　　者：趙育嫻
責任編輯：高惠娟
發　行　人：黃振庭
出　版　者：樂律文化事業有限公司
發　行　者：崧博出版事業有限公司
E - m a i l：sonbookservice@gmail.com
粉　絲　頁：https://www.facebook.com/sonbookss/
網　　　址：https://sonbook.net/
地　　　址：台北市中正區重慶南路一段 61 號 8 樓
8F., No.61, Sec. 1, Chongqing S. Rd., Zhongzheng Dist., Taipei City 100, Taiwan
電　　　話：(02) 2370-3310　　傳　　真：(02) 2388-1990
律師顧問：廣華律師事務所 張珮琦律師
定　　　價：350 元
發行日期：2024 年 10 月第一版
◎本書以 POD 印製
Design Assets from Freepik.com